essentials

Essentials liefern aktuelles Wissen in konzentrierter Form. Die Essenz dessen, worauf es als „State-of-the-Art" in der gegenwärtigen Fachdiskussion oder in der Praxis ankommt. Essentials informieren schnell, unkompliziert und verständlich.

- als Einführung in ein aktuelles Thema aus Ihrem Fachgebiet
- als Einstieg in ein für Sie noch unbekanntes Themenfeld
- als Einblick, um zum Thema mitreden zu können.

Die Bücher in elektronischer und gedruckter Form bringen das Expertenwissen von Springer-Fachautoren kompakt zur Darstellung. Sie sind besonders für die Nutzung als eBook auf Tablet-PCs, eBook-Readern und Smartphones geeignet.

Essentials: Wissensbausteine aus Wirtschaft und Gesellschaft, Medizin, Psychologie und Gesundheitsberufen, Technik und Naturwissenschaften. Von renommierten Autoren der Verlagsmarken Springer Gabler, Springer VS, Springer Medizin, Springer Spektrum, Springer Vieweg und Springer Psychologie.

Bernd Zirkler • Jonathan Hofmann
Sandra Schmolz

# Basel III in der Unternehmenspraxis

Prof. Dr. Bernd Zirkler
Westsächsische Hochschule Zwickau
Deutschland

Sandra Schmolz, B.A.
Pöcking
Deutschland

Jonathan Hofmann, M.A.
Westsächsische Hochschule Zwickau
Deutschland

ISSN 2197-6708
essentials
ISBN 978-3-658-07704-4
DOI 10.1007/978-3-658-07705-1

ISSN 2197-6716 (electronic)

ISBN 978-3-658-07705-1 (eBook)

Die Deutsche Nationalbibliothek verzeichnet diese Publikation in der Deutschen Nationalbibliografie; detaillierte bibliografische Daten sind im Internet über http://dnb.d-nb.de abrufbar.

Springer Gabler
© Springer Fachmedien Wiesbaden 2015
Das Werk einschließlich aller seiner Teile ist urheberrechtlich geschützt. Jede Verwertung, die nicht ausdrücklich vom Urheberrechtsgesetz zugelassen ist, bedarf der vorherigen Zustimmung des Verlags. Das gilt insbesondere für Vervielfältigungen, Bearbeitungen, Übersetzungen, Mikroverfilmungen und die Einspeicherung und Verarbeitung in elektronischen Systemen.
Die Wiedergabe von Gebrauchsnamen, Handelsnamen, Warenbezeichnungen usw. in diesem Werk berechtigt auch ohne besondere Kennzeichnung nicht zu der Annahme, dass solche Namen im Sinne der Warenzeichen- und Markenschutz-Gesetzgebung als frei zu betrachten wären und daher von jedermann benutzt werden dürften.
Der Verlag, die Autoren und die Herausgeber gehen davon aus, dass die Angaben und Informationen in diesem Werk zum Zeitpunkt der Veröffentlichung vollständig und korrekt sind. Weder der Verlag noch die Autoren oder die Herausgeber übernehmen, ausdrücklich oder implizit, Gewähr für den Inhalt des Werkes, etwaige Fehler oder Äußerungen.

Gedruckt auf säurefreiem und chlorfrei gebleichtem Papier

Springer Fachmedien Wiesbaden ist Teil der Fachverlagsgruppe Springer Science+Business Media (www.springer.com)

# Was Sie in diesem Essential finden können

- Eine Übersicht über die wesentlichen Inhalte und Anforderungen der Kapital- und Liquiditätsvorschriften von Basel III und deren schrittweise Einführung bis 2019.
- Einen Überblick über die direkten Auswirkungen der Regelungen von Basel III auf Kreditinstitute und die Ergebnisse der in diesem Zusammenhang durchgeführten Auswirkungsstudien.
- Einen Einblick in das im Rahmen des einheitlichen Aufsichtsmechanismus von der Europäischen Zentralbank durchgeführte Comprehensive Assessment.
- Einen Überblick über die zu erwartenden Auswirkungen der Regelungen von Basel III auf die Geschäftstätigkeit, Geschäftsmodelle und Prozesse von Kreditinstituten.

Dieses Essential zeigt einen Auszug aus dem Werk „Controlling und Basel III in der Unternehmenspraxis" von Jonathan Hofmann und Sandra Schmolz, welches auch im Springer-Gabler-Verlag erschienen ist.

Aus redaktionstechnischen Gründen wurde eine Aktualisierung mit Daten aus der mit Daten aus der im März 2014 erschienenen Auswirkungsstudie der EBA vorgenommen.

# Geleitwort

*Basel ist nicht nur ein Bankenthema!*
Mit dem Begriff „**Basel**" sind mittlerweile drei internationale Abkommen verbunden. Das erste Abkommen (Basel I) stammt aus den 70er und 80er Jahren und hat sich langwierig entwickelt: Ausgehend von Verwerfungen auf den Finanzmärkten (Zusammenbruch des Bretton-Woods-Währungssystems 1973) sowie einigen Bankenkrisen zu Beginn der 70er Jahre (unter anderem Herstatt-Konkurs in Deutschland, Savings & Loan-Krise in den USA) und weiteren Turbulenzen aufgrund der ersten Ölkrise haben die G−10 Staaten (mittlerweile sind es 13 Nationen, der Name G−10 ist aber geblieben: Belgien, Deutschland, Frankreich, Italien, Japan, Kanada, Luxemburg, die Niederlande, Spanien, Schweden, die Schweiz, Großbritannien und die USA) am Sitz der Bank für internationalen Zahlungsausgleich (der „Zentralbank der nationalen Zentralbanken") in Basel den Ausschuss für Bankenaufsicht im Jahre 1974 konstituiert, um international gültige Regelungen, die die Stabilität des Finanzsystems verbessern sollen, zu entwickeln. Der Ausschuss besteht aus Vertretern der Bankaufsichtsbehörden und Zentralbanken. Die Regelungen dieses Gremiums sind über die G-10-Staaten hinaus weltweit anerkannt, mittlerweile wenden über 100 Nationen die Vorgaben der Baseler Abkommen an (beziehungsweise beabsichtigen, das Basel-III-Abkommen in Kürze anzuwenden).

Bereits das Basel-I-Abkommen sah die Hinterlegung von 8% des haftenden Eigenkapitals für ausgereichte Kredite bei Banken vor. Aufgrund der Weiterentwicklung der Wirtschaft, der internationalen Verflechtungen und der Erfahrungen, die mit Basel I gemacht wurden, wurde auch das Abkommen weiterentwickelt. Nach verschiedenen Entwicklungsstufen, zu denen auch Wirtschaftsverbände durch Kritik und Kommentare beigetragen haben, wurde das Basel-II-Abkommen verabschiedet. Die wichtigste Neuerung war, dass ein risikoadäquates Gewicht auf die Eigenkapitalhinterlegung angewendet wird. Die 8%-Marke blieb bestehen, die Kreditnehmer werden aber in ein Notensystem, welches die zukünftige Ausfallwahrscheinlichkeit definiert, eingeordnet. Je nach erlangter Note müssen dann zwischen 20% (auf die 8%, d.h. 1,6% haftendes Eigenkapital) oder bis zu 150% (also 12% Eigenkapital) für Kredite hinterlegt sein. Sowohl das Verfahren der Einstufung des Kreditnehmers als auch die erzielte Note werden mit dem Begriff „**Rating**" bezeichnet.

Neben dieser Maßnahme wurden noch zwei weitere Aspekte des Basel-II-Abkommens als tragend betrachtet: Aufsichtsrechtliche Maßnahmen (d.h. Überprüfung der Kapitalhinterlegung durch die Aufsichtsbehörde, in Deutschland das BaFin) und Marktdisziplin (Transparenz durch Veröffentlichungspflichten). Erreicht werden soll durch diese Regelungen, die in erster Linie nur für die Geschäftsbanken gelten, eine Stabilisierung des Finanzwesens. Die Regelungen wurden in jeweils nationales Recht durch die ratifizierenden Staaten übernommen, in Deutschland durch das Kreditwesengesetz.

Diese drei Aspekte der Basel-II-Abkommen sind somit für gewerbliche Unternehmen irrelevant, da die Regelungen für Kreditinstitute gelten. Durch die gesetzliche oder faktische Pflicht der Banken, sich regelkonform zu verhalten, greifen diese Maßnahmen beziehungsweise die Wirkung der Maßnahmen jedoch auf die Kreditnehmer, d.h. gewerbliche Unternehmen, öffentliche Unternehmen sowie weitere Kundengruppen durch, beziehungsweise führen zu einer Änderung des Verhaltens der Banken gegenüber den Kunden.

Deswegen ist Basel nicht nur ein Banken-Thema, wenngleich es zunächst nur Regelungen enthält, die unmittelbar für Kreditinstitute gelten. Denn an dieser Stelle schlägt dann auch die Wirkung der Bankenregeln auf die Wirtschaft durch, denn jeder potentielle oder tatsächliche Kreditnehmer muss sich auf sein Risikopotential hin evaluieren lassen. Dies geschieht über sogenannte Ratingverfahren, welche nichts anderes sind als eine sehr ausführliche und erweiterte Kreditwürdigkeitsprüfung und Einstufung in Ausfallwahrscheinlichkeits-Klassen. Für die Arbeit im Unternehmen bedeutet dies, dass insbesondere die kaufmännische Abteilung gefordert ist, die Daten, die für ein Rating benötigt werden, bereitzustellen. Dass es hierbei nicht nur auf die Zurverfügungstellung der Daten ankommt, sondern jedes Unternehmen proaktiv mit dem Thema Rating umgehen muss, soll deutlich erwähnt werden.

Im Dezember 2010 hat der Baseler Ausschuss für Bankenaufsicht neue Regelungen für die Finanzwirtschaft herausgegeben, die geänderte, d.h. verschärfte Eigenkapital- und Liquiditätsanforderungen beinhalten. Des Weiteren wurden ein Verschuldungsmaß (so genanntes Leverage Ratio) sowie Gegenmaßnahmen gegen die viel kritisierten pro-zyklischen Effekte der bisherigen Basel-Abkommen eingeführt.

# Geleitwort

Das Regelwerk ist sehr komplex, weil es umfassend und auf hoher Ebene Einfluss auf Banken nimmt, die zum Teil die Regelungen nur mittelfristig umsetzen können. Dies berücksichtigt das Basel-III-Abkommen mit Stufenplänen und bestimmten Fristenregelungen. Die Darstellung der Autoren geht auch darauf ein. Da auch diese Regelungen letztendlich auf die Kunden der Geschäftsbanken durchgreifen beziehungsweise zu einer Änderung des Verhaltens der Banken gegenüber den Kunden führen, ist es nicht nur für Mitarbeiter in Banken wichtig, die Regelungen und ihre Wirkungen zu kennen, sondern gleichfalls für Mitarbeiter von Unternehmen, die Kredite bei Banken oder anderen Finanzdienstleistern nachfragen.

Die Autoren *Zirkler (Prof. für Allg. BWL, insb. Rechnungswesen/Controlling, WHZ Zwickau)*, **Hofmann** *(Mitarbeiter und Promovend am Lehrstuhl Zirkler)* und **Schmolz** *(Bankkauffrau in einem regionalen Kreditinstitut, Alumna WHZ)* haben das sehr komplexe Thema der nunmehr eingeführten Regelungen nach Basel III gründlich aufgearbeitet und praxisnah, mit Bezug zu Unternehmen, insbesondere des Mittelstandes, erläuternd dargestellt. Die Veränderungen und der stufenweise Übergang wurden dabei in nachvollziehbarer Weise analysiert und die Wirkungen erläutert. Graphische Aufbereitungen des Verlaufs der juristischen Vorgaben visualisieren die Wirkung entsprechend.

Das vorliegende Buch ist somit nicht nur ein Bankenbuch, d.h. für Auszubildende und Praktiker in Kreditinstituten, sondern kann auch Studierenden (der BWL, der VWL, der Rechtswissenschaften und naheliegender Fakultäten) sowie Praktikern aus Unternehmen aber auch Kommunalvertretern helfen, die komplexen Wirkungsstrukturen, die auf jeden von uns als Kunden von Kreditinstituten durchgreifen, zu verstehen.

*Basel ist nicht nur ein Bankenthema!*

Prof. Dr. rer. pol. Dr. h.c. H.-Christian Brauweiler
Professur für ABWL, insb. Betriebliches
Rechnungswesen und Interne Revision
WHZ Zwickau

# Vorwort

Die Aufmerksamkeit gegenüber dem Geschehen an den internationalen Finanzmärkten ist seit dem Beginn der sogenannten Finanzkrise im Jahr 2007 ungebrochen. Die Folgen des Zusammenbruchs der US-amerikanischen Investmentbank *Lehman Brothers Inc.* im Jahr 2008 sind noch immer nicht vollständig beherrscht, geschweige denn überwunden. Als Folge dieses Ereignisses, welches in der Branche als Fanal angesehen wurde, schwand unter den Kreditinstituten das Vertrauen, an Konkurrenten ausgereichte Kredite zurück zu erhalten. In der Konsequenz war am Interbankenmarkt im Jahr 2009 praktisch ein Stillstand zu verzeichnen. Mit dem Ziel, schwer wiegende Folgen eines gestörten Geldkreislaufes zwischen den Banken zu kompensieren, legten insbesondere europäische Staaten groß dimensionierte Konjunkturpakete auf, die mit der großzügigen Begebung von Staatsanleihen finanziert wurden. Die daraus resultierende Zunahme der Staatsverschuldung führte bei einigen Titeln zu teils erheblichen Risikoaufschlägen, weswegen die Zinslasten in den Haushalten einiger Nationen beträchtlich stiegen und den Spielraum der fiskalischen Liquidität einengten. Griechenland sei als bekanntes Beispiel in diesem Zusammenhang genannt.

Ein Indiz, dass zur Behebung der Verwerfungen an den internationalen Finanzmärkten auch die Zentralbanken keinen wirksamen Ansatz gefunden haben, ist die Entwicklung wichtiger Leitzinssätze. Der Leitzins der FED liegt seit 2008 unverändert bei maximal 0,25%, Banken in der Eurozone können sich bei der EZB aktuell zu 0,05% refinanzieren; die Werte in Japan und Großbritannien liegen auf vergleichbarem Niveau. Die Tatsache, dass die Zentralbanken zu betont niedrigen Zinsen den privaten Banken Liquidität zur Verfügung stellen, ist als Stimulanz zu interpretieren, Unternehmen Kredite auszureichen, aus welchen Investitionen ins betriebliche Vermögen finanziert werden, die wiederum zu wirtschaftlichem Wachstum und einer Senkung der Arbeitslosigkeit führen sollen. Tatsächlich liegt die Investitionsquote zum Beispiel in Deutschland seit Jahren auf verhältnismäßig niedrigem Niveau, ohne dass die niedrigen Leitzinssätze der EZB zu nennenswert höherer Kreditnachfrage geführt hätten. Stattdessen verwendeten insbesondere europäische Privatbanken die günstigen Refinanzierungskonditionen zum Ankauf von Staatsanleihen zu attraktiven Anlagezinsen. Wenngleich sich auf Grund der beachtlichen Geldmenge im monetären Kreislauf bisher keine Anzeichen für eine Inflation abzeichnen, so lassen sich über die Effekte der Politik der Europäischen Zentralbank langfristig nur Spekulationen anstellen, zumal im Vergleich zur japanischen Volkswirtschaft auch die Gefahr einer Deflation keinesfalls unrealistisch ist. Es ist zu konstatieren, dass eine Stabilisierung der Finanzmärkte noch aussteht und unter Berücksichtigung der aktuellen Situation dringend geboten scheint.

Einen Ansatz, der dieses Ziel verfolgt, offeriert die Bank für Internationalen Zahlungsausgleich, welche bereits im Jahr 1974 den Basler Ausschuss für Bankenaufsicht gründete. Dieser verabschiedete in seiner Eigenschaft als Gremium zur Empfehlung aufsichtsrechtlicher Mindeststandards bisher die drei aufeinander aufbauenden Reformpakete Basel I (1988), Basel II (2004) und Basel III (ab 2010). Das Ziel der beiden letztgenannten Reformpakete war es, aus den Schwachstellen des vorherigen wirksame Schlüsse zu ziehen und damit die Stabilität des Finanzsystems wiederherzustellen, und im Idealfall zukünftig zu gewährleisten. Allen drei Paketen ist der grundlegende Gedanke inhärent, dass Banken bei der Ausgabe von Krediten einen Eigenkapitalanteil vorzuhalten haben, was zu einer Disziplinierung bei der Kapitalvergabe an Nachfrager führt, weil im Falle eines Kreditausfalls auch das eingesetzte Eigenkapital abzuschreiben ist. Die seit dem 01. Januar 2014 verbindlichen Regelungen nach Basel III erweitern genannte Säulen um neue, risikoadjustierte Kapitalanforderungen mit strengeren Kapitaldefinitionen und zusätzlichen Kapitalpuffern sowie um eine Verschuldungshöchstgrenze, welche das zulässige Verhältnis zwischen Eigenkapital und Bilanzsumme inklusive außerbilanzieller Geschäfte regelt. Erstmals gelten für Kreditinstitute auch Vorschriften in Bezug auf die vorzuhaltende Liquidität, konkret in Form der Liquidity Coverage Ratio (LCR) und der Net Stable Funding Ratio (NSFR), basierend auf Erfahrungen, welche im Zuge der Liquiditätskrise am Interbankenmarkt gesammelt werden konnten.

Bei der Erarbeitung des vorliegenden Buches wurde der Datenstand per 10.06.2014 zu Grunde gelegt. Dessen wesentliche Intention ist es, einen betont praxisbezogenen und schnell verständlichen Überblick über die im Regelwerk von Basel III enthaltenen Vorschriften zu geben, sowie die hieraus zu erwartenden Auswirkungen auf Kreditinstitute darzustellen. Potentielle Adressaten sind primär Mitarbeiter des Finanzsektors, wie zum Beispiel Geschäftsführer, Finanzmanager, Treasurer, Controller oder Bereichsleiter, aber auch wissenschaftliches Personal an Universitäten, Fachhochschulen und Berufsakademien, sowie Studierende, welche weiterführende Veranstaltungen in den Disziplinen Finanzierung und/oder Controlling besuchen.

Nicht zuletzt gilt ein Dank an die Herren *Dominik Hofmann* und *Christoph Schmolz* für die akribische Wahrnehmung des Lektorats beziehungsweise für die technische Unterstützung bei der Abbildungserstellung.

Bernd Zirkler, Nürnberg  
Jonathan Hofmann, Zwickau  
Sandra Schmolz, Pöcking

# Inhaltsverzeichnis

1 **Wesentliche Inhalte von Basel III und Auswirkungen auf die Kreditinstitute** .......................................... 1
  1.1 Wesentliche Inhalte von Basel III ........................ 1
    1.1.1 Eigenkapital .................................. 4
    1.1.2 Kapitalpuffer ................................. 6
    1.1.3 Leverage Ratio ............................... 11
    1.1.4 Liquidität .................................... 15
    1.1.5 Offenlegungsanforderungen ..................... 18
    1.1.6 Anforderungen an die Risikobehandlung ........... 19
    1.1.7 Exkurs zu den aktuellen Entwicklungen bezüglich der Einführung von Basel III in den USA .............. 20
  1.2 Auswirkungen auf die Kreditinstitute ..................... 21
    1.2.1 Kapitalquoten ................................ 21
    1.2.2 Kapitalpuffer als Gegenmechanismus zur Prozyklik ..... 23
    1.2.3 Leverage Ratio ............................... 24
    1.2.4 Liquidität .................................... 25
    1.2.5 Voruntersuchung bedeutender europäischer Kreditinstitute durch die EZB ..................... 26
    1.2.6 Resümee ..................................... 29
    1.2.7 Exkurs zu Solvency II .......................... 33

**Was Sie in diesem Essential mitnehmen können** ................ 35

**Weiterführende Literatur – Verzeichnis der sonstigen Internetquellen** ...................................... 37

**Quellenverzeichnis** ........................................... 47

# Abkürzungsverzeichnis

| | |
|---|---|
| A-SRI | anderweitig systemrelevante Institute |
| Art. | Artikel |
| BaFin | Bundesanstalt für Finanzdienstleistungen |
| Basel I | Erste Baseler Eigenkapitalvereinbarung |
| Basel II | Zweite Baseler Eigenkapitalvereinbarung |
| Basel III | Dritte Baseler Eigenkapitalvereinbarung |
| BCBS | Basel Committee on Banking Supervision (Baseler Ausschuss für Bankenaufsicht) |
| BIS | Bank for International Settlements |
| BIZ | Bank für internationalen Zahlungsausgleich |
| CET 1 | Common Equity Tier 1 Capital (hartes Kernkapital) |
| C-QIS | Comprehensive Quantitative Impact Study (Auswirkungsstudie) |
| CRD | Capital Requirement Directive (Richtlinie) |
| CRD-IV UmsetzungsG | Gesetz zur Umsetzung der Richtlinie 2013/36/EU über den Zugang zur Tätigkeit von Kreditinstituten und die Beaufsichtigung von Kreditinstituten und Wertpapierfirmen und zur Anpassung des Aufsichtsrechts an die Verordnung (EU) Nr. 575/2013 über Aufsichtsanforderungen an Kreditinstitute und Wertpapierfirmen |
| DTA | deferred tax asset – latenter Steueranspruch |
| EBA | European Banking Authority (Europäische Bankenaufsicht) |
| EIOPA | European Insurance Occupational Pensions Authority (Europäische Aufsichtsbehörde für das Versicherungswesen und die betriebliche Altersversorgung) |
| EU | Europäische Union |
| EZB | Europäische Zentralbank |

| | |
|---|---|
| FDIC | Federal Deposit Insurance Corporation (amerikanischer Einlagensicherungsfonds) |
| FED | Federal Reserve Bank (amerikanische Zentralbank) |
| FinaV | Finanzinformationenverordnung |
| G-SRI | global systemrelevante Institute |
| HGB | Handelsgesetzbuch |
| IFRS | International Financial Reporting Standards |
| KMU | kleine und mittlere Unternehmen |
| LCR | Liquidity Coverage Ratio |
| LGD | Loss Given Default – Verlustquote bei Ausfall |
| MaRisk | Mindestanforderungen an das Risikomanagement |
| Mrd. | Milliarden |
| NSFR | Net Stable Funding Ratio |
| OCC | Office of the Comptroller of the Currency |
| PD | Probability of Default – Ausfallwahrscheinlichkeit |
| RCAP | Regulatory Consistency Assessment Programme |
| RWA | risikogewichtete Aktiva |
| SREP | Supervisory Review and Evaluation Process – aufsichtsrechtlicher Überwachungsprozess |
| SRI | systemrelevante Institute |
| SSM | Single Supervisory Mechanism – einheitlicher Aufsichts-mechanismus |
| Tier 1 | Kernkapital |
| Tier 2 | Ergänzungskapital |

# Abbildungsverzeichnis

Abb. 1.1 Rahmenwerke von Basel III und ihre Kernelemente .......... 3
Abb. 1.2 Entwicklung der Kapitalabzugspositionen .................. 5
Abb. 1.3 Entwicklung des Bestandsschutzes für
Eigenkapitalbestandteile ............................... 5
Abb. 1.4 Entwicklung der Kapitalanforderungen .................... 7
Abb. 1.5 Vergleich der Kapitalanforderungen von
Basel II und Basel III ................................. 8
Abb. 1.6 Kapitalpuffer der CRD IV im Überblick ................... 9
Abb. 1.7 Vergleich der Kapitalanforderungen nach
Basel III und CRD IV ................................. 10
Abb. 1.8 LCR Einführung im Zeitablauf ......................... 16
Abb. 1.9 Agenda zur Einführung von Basel III .................... 18

# Formelverzeichnis

**Formel 1.1** Leverage Ratio .................................... 11
**Formel 1.2** Liquidity Coverage Ratio ........................... 15
**Formel 1.3** Net Stable Funding Ratio ........................... 16

# Wesentliche Inhalte von Basel III und Auswirkungen auf die Kreditinstitute

## 1.1 Wesentliche Inhalte von Basel III

Das finale Basel III-Rahmenwerk wurde am 16. Dezember 2010 vom Baseler Ausschuss für Bankenaufsicht veröffentlicht. Es umfasst folgende Dokumente:

- Basel III: Ein globaler Regulierungsrahmen für widerstandsfähigere Banken und Bankensysteme, als Rahmenwerk zu modifizierten Kapitalvorschriften [12] und
- Basel III: Internationale Rahmenvereinbarung über Messung, Standards und Überwachung in Bezug auf das Liquiditätsrisiko [11], als Rahmenwerk zu Liquiditätsvorschriften.

Das Rahmenwerk zu den Liquiditätsvorschriften wurde in der Folge durch das im Januar 2013 veröffentlichte Dokument „Basel III: The Liquidity Coverage Ratio and liquidity risk monitoring tools" [14] verfeinert.

*Systemrelevante Kreditinstitute* mit starker internationaler Verflechtung spielen für die Stabilität der Finanzmärkte eine besonders wichtige Rolle. Daher wurden für diese Institute ergänzende spezielle Vorschriften mit strengeren Anforderungen aufgestellt und in der folgenden zusätzlichen Rahmenvereinbarung veröffentlicht:

- „Global systemrelevante Banken: Bewertungsmethodik und Anforderungen an die zusätzliche Verlustfähigkeit" [13].

Auf diese Rahmenvereinbarung wird im weiteren Verlauf nicht mehr näher eingegangen, da sie international betrachtet in Deutschland derzeit nur ein Institut, die Deutsche Bank, betrifft. National systemrelevant sind in Deutschland derzeit 36 Kreditinstitute. Bezüglich der speziellen Vorgaben für systemrelevante Kreditinstitute sei exemplarisch auf die schärferen Anforderungen an eine höhere Verlustabsorptionsfähigkeit verwiesen, die durch zusätzlich vorzuhaltendes hartes Eigenkapital im Korridor zwischen 1–3,5 % der risikogewichteten Aktiva (oder auch RWA) zu gewährleisten sind.

Im Rahmen der CRD IV als Richtlinie zur Umsetzung von Basel III in europäisches und nationales Recht wird „systemrelevantes Institut" definiert als „ein EU-Mutterinstitut, eine EU-Mutterfinanzholdinggesellschaft, eine gemischte EU-Mutterfinanzholdinggesellschaft oder ein Institut, dessen Ausfall oder Versagen zu einem Systemrisiko führen könnte" [26].

Die neuen Rahmenwerke bauen auf den im Jahr 2004 veröffentlichten und 2006 in Kraft getretenen Regelungen von Basel II auf und halten an den darin eingeführten drei Säulen fest. Die Säulen wurden inhaltlich überarbeitet und ergänzt.

Im Jahr 2009 hat der Baseler Ausschuss als Reaktion auf die Finanzkrise die folgenden drei Konsultationspapiere verfasst, die häufig unter Basel 2.5 zusammengefasst werden und nur in englischer Sprache verfügbar sind:

Enhancements to the Basel II framework [8], Revisions to the Basel II market risk framework [9] und Guidelines for computing capital for incremental risk in the trading book [10].

Sie enthalten Maßnahmen wie höhere Kapitalanforderungen bei (Wieder–) Verbriefungen und Handelsbuchforderungen und eine Verschärfung der Offenlegungsanforderungen.

Auf Basis der Daten von 2009 wurden 2010 vom Baseler Ausschuss erstmals mehrere Auswirkungsstudien, sogenannte Comprehensive Quantitative Impact Studies (C-QIS), auf nationaler Ebene, EU-Ebene und Ebene aller Mitgliedsstaaten des Baseler Ausschusses durchgeführt und danach jeweils halbjährlich wiederholt. Die folgende Abhandlung nutzt als Grundlage die im März 2014 unter dem Titel ‚Basel III – Monitoring Report' [16] veröffentlichte Auswirkungsstudie, welche auf Daten vom 30. Juni 2013 basiert. Ziel dieser und früherer Studien war und ist es, die Auswirkungen der im Konsultationspapier erarbeiteten Vorschriften für den gesamten Geltungsbereich transparent zu machen.

Die in Basel II und III enthaltenen Eigenkapitalregelungen werden in Form von drei Säulen dargestellt. Für Basel III sind diese wie folgt aufgeteilt:

**Säule 1:** Regelungen zu Eigenkapital, Risikoerfassung und Verschuldungsbegrenzung mit Maßnahmen zur Stärkung der Qualität, Quantität und Flexibilität des Eigenkapitals, Minderung der Zyklizität und strengeren Kapitalanforderungen für einzelne Risikoaktiva.

## 1.1 Wesentliche Inhalte von Basel III

**Säule 2:** Risikomanagement und Aufsicht mit detaillierten Vorgaben zur Ausgestaltung des Risikomanagements, insbesondere Regelungen zu Offbalance Angelegenheiten, Stresstesting, Vergütung, Bewertung und Risikobehandlung.

**Säule 3:** Marktdisziplin und damit den Offenlegungsvorschriften mit detaillierten Vorgaben zu verschiedenen Offenlegungspflichten.

Abb. 1.1 gibt einen kurzen Überblick über die Rahmenwerke von Basel III und den darin enthaltenen Kernelementen:

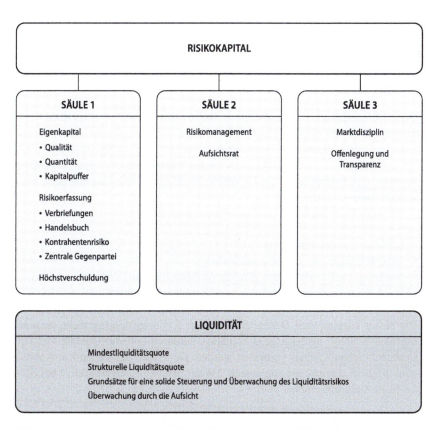

**Abb. 1.1** Rahmenwerke von Basel III und ihre Kernelemente. (Eigene Darstellung)

Die wichtigsten Inhalte von Basel III und deren Kernelemente werden im Folgenden näher dargestellt.

### 1.1.1 Eigenkapital

Das zur Erfüllung der festgelegten Mindestkapitalanforderungen anerkannte Eigenkapital wird künftig in zwei Bestandteile aufgeteilt:

- *Kernkapital* (= Tier 1 Kapital) bestehend aus hartem und zusätzlichem Kernkapital sowie
- *Ergänzungskapital* (= Tier 2 Kapital).

Zur Zuordnung der einzelnen Kapitalbestandteile wurden entsprechende Kritierienkataloge mit jeweils 14 Punkten im Rahmenwerk festgelegt. Sie sind zudem rechtsformabhängig geregelt.

*Hartes Kernkapital (= Common Equity Tier 1 Capital – CET 1)* Das harte Kernkapital enthält vor allem folgende Elemente: Stammkapital oder andere rechtsformspezifische, typische Eigenkapitalinstrumente wie Genossenschaftsanteile bei Genossenschaften und stille Einlagen bei öffentlich-rechtlichen Sparkassen, Aufgeld, Gewinnrücklagen, andere offene Rücklagen sowie eingeschränkt Minderheitsanteile Dritter.
Wesentliche Kriterien für das harte Kernkapital sind:

- effektive Kapitaleinzahlung
- Dauerhaftigkeit der Kapitalbereitstellung
- Nachrangigkeit und uneingeschränkte Verlustteilnahme (Verlustabsorption)
- keine obligatorischen Ausschüttungen (Zahlungsflexibilität).

Die bisher zugelassenen Drittrangmittel (Tier 3) dürfen künftig nicht mehr als Eigenkapitalanteil berücksichtigt werden. Hierdurch soll die Qualität des aufsichtsrechtlichen Kapitals verbessert werden. Der Anteil des harten Kernkapitals wird bis 2015 schrittweise von derzeit 2% der risikogewichteten Aktiva auf dann 4,5% als Zielgröße erhöht.

*Zusätzliches Kernkapital* Das zusätzliche Kernkapital besteht vor allem aus Kapitalinstrumenten, Aufgeld und eingeschränkt Minderheitsanteilen Dritter. Es muss im Prinzip die gleichen Bedingungen erfüllen, wie das harte Kernkapital mit dem

## 1.1 Wesentliche Inhalte von Basel III

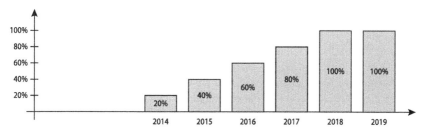

**Abb. 1.2** Entwicklung der Kapitalabzugspositionen ([4], S. 50)

Unterschied, dass der Emittent unter bestimmten Voraussetzungen nach frühestens 5 Jahren kündigen oder Rückkäufe tätigen darf.

Ab 2015 ist ein Anteil von 1,5 % vorgeschrieben, so dass eine Mindestanforderung für das gesamte Kernkapital ohne Kapitalpuffer in Höhe von 6 % erreicht wird.

*Abzugs- und Korrekturposten* Erhebliche Veränderungen bei der Berechnung der aufsichtsrechtlichen Eigenmittel ergeben sich durch die neuen Regelungen zu Abzugs- und Korrekturposten, die stufenweise zwischen 2014 und 2018 in Schritten von jeweils 20 % eingeführt werden. Sie sind künftig komplett vom harten Kernkapital in Abzug zu bringen. Diese beinhalten im Wesentlichen den Firmenwert (Goodwill), immaterielle Vermögensgegenstände, Finanzbeteiligungen sowie aktive latente Steuern.

Abbildung 1.2 zeigt die stufenweise Einführung der Kapitalabzüge, welche vom harten Kernkapital vorgenommen werden müssen.

Dies ist gleichzeitig verbunden mit einem abnehmenden Bestandsschutz für verschiedene Eigenkapitalbestandteile, was in der folgenden Abbildung 1.3 verdeutlicht wird:

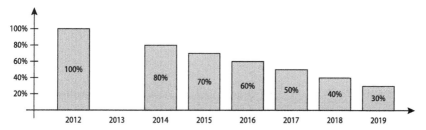

**Abb. 1.3** Entwicklung des Bestandsschutzes für Eigenkapitalbestandteile ([22], S. 62)

Abbildung 1.3 zeigt berücksichtigungsfähige Eigenkapitalbestandteile im Bestandsschutz in % der ausschließlich nach alter Regelung berücksichtigungsfähigen Eigenkapitalbestandteile, welche für vor dem 31. Dezember 2011 begebene Emissionen beziehungsweise vorhandene Eigenkapitalbestandteile gültig ist. Ausgenommen sind Staatsanleihen, sofern diese im Rahmen von genehmigten Unterstützungsmaßnahmen und vor Inkrafttreten der CRR [27] gewährt wurden und bis zum 31. Dezember 2017 vollumfänglich berücksichtigungsfähig, danach jedoch nicht mehr anrechenbar sind.

*Ergänzungskapital* Das Ergänzungskapital wird künftig deutlich an Bedeutung verlieren. Die Verlusttragfähigkeit beschränkt sich rein auf den Liquidations-/Insolvenzfall. Es darf zu großen Teilen aus langfristigen Nachrangverbindlichkeiten bestehen und kann auch Vorzugsaktien und Aufgeld sowie freie Pauschalwertberichtigungen und Wertberichtigungsüberschüsse enthalten. Sein Anteil verringert sich von derzeit 4 % auf 2 % im Jahr 2015.

Folgende Bedingungen müssen für die Anerkennung erfüllt sein:

- Verbot von Anreiz-Mechanismen wie Step-up-Klauseln zur vorzeitigen Rückzahlung langfristiger Nachrangverbindlichkeiten.
- Einhaltung der Vorschriften zu Kündigungsrechten verbunden mit „einem aufsichtlichen Zustimmungserfordernis für die Rückzahlung grundsätzlich unbefristet aufgenommener Mittel" ([21], S. 15).

Bis 2015 müssen damit Kern- und Ergänzungskapital noch ohne Kapitalpuffer in Höhe von mindestens 8 % der risikogewichteten Aktiva aufgebaut werden.

### 1.1.2 Kapitalpuffer

Die Regelungen von Basel III sehen vor, dass von allen Kreditinstituten ab 2016 schrittweise bis 2019 zusätzliche Kapitalpuffer gebildet werden müssen:

- Kapitalerhaltungspuffer und der
- antizyklische Kapitalpuffer

Beide *Kapitalpuffer* sind in Form von hartem Kernkapital bereitzuhalten.

Die vorgeschriebene abschließende Höhe des *Kapitalerhaltungspuffers* liegt bei 2,5 % der risikogewichteten Aktiva. Er ist ab 2016 schrittweise mit 0,625 % p.a. aufzubauen.

## 1.1 Wesentliche Inhalte von Basel III

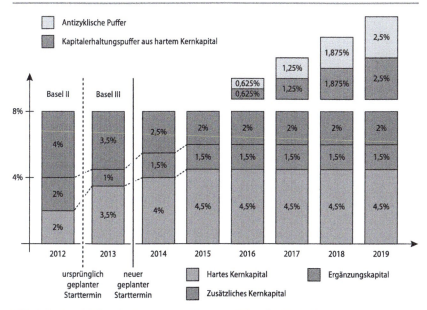

**Abb. 1.4** Entwicklung der Kapitalanforderungen ([5] und [21], S. 19)

Der *antizyklische Puffer* kann vor allem nach einer Phase schnellen Kreditwachstums von der nationalen Aufsichtsinstanz des jeweiligen Landes vorgeschrieben werden und bis zu 2,5 % der risikogewichteten Aktiva betragen. Dieser Puffer soll „in guten Zeiten" aufgebaut werden, um dann später zur Verfügung zu stehen, um damit zyklische Schwankungen auszugleichen.

Der Leitfaden der Deutschen Bundesbank [21] fasst mit der in Abb. 1.4 dargestellten Grafik die beschriebene stufenweise Einführung der Kapitalanforderungen und den Aufbau der Kapitalpuffer anschaulich zusammen. Zusätzlich wurde berücksichtigt, dass der ursprünglich vorgesehene Einführungstermin 1. Januar 2013 auf Grund von Gesetzgebungsverfahren zur nationalen Umsetzung nicht eingehalten werden konnte. Die Umsetzung über CRD IV [26] und CRR [27] erfolgte zum 1. Januar 2014.

Abbildung 1.5 veranschaulicht die Veränderungen bei den Kapitalanforderungen von Basel II auf Basel III. Es wird deutlich, dass zukünftig wesentlich mehr hartes Kernkapital zu unterlegen ist und die Bedeutung des Ergänzungskapitals abnehmen wird.

Dabei kommt es beim harten Kernkapital zu einem Anstieg von derzeit 2 % auf 4,5 % ab 2015 zuzüglich des ebenfalls in Form von hartem Kernkapital vorzuhaltenden Kapitalpuffers von bis zu 5 % ab 2019. Das vorzuhaltende Ergänzungskapi-

# 1 Wesentliche Inhalte von Basel III und Auswirkungen auf die Kreditinstitute

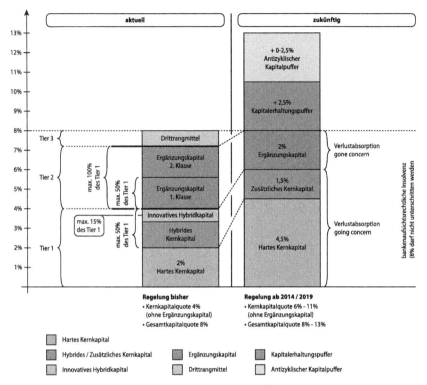

**Abb. 1.5** Vergleich der Kapitalanforderungen von Basel II und Basel III ([3], S. 26 und [21])

tal geht hingegen von derzeit 4 % auf 2 % ab 2015 zurück. Außerdem entfallen die Drittrangmittel aus dem Ergänzungskapital komplett. Des Weiteren wird zukünftig nicht mehr zwischen Ergänzungskapital 1. Klasse und Ergänzungskapital 2. Klasse unterschieden[1].

Zusätzlich zu den beiden bereits beschriebenen Kapitalpuffern ist im Rahmen der Umsetzung von Basel III in europäisches und nationales Recht über die CRD IV [26] und die CRR [27] in Art. 133 und 134 CRD IV [26] die Einführung eines *Systemrisikopuffers* als Kapitalpuffer für systemische Risiken vorgesehen. Er

---

[1] Beispiele für Ergänzungskapital 1. Klasse sind Vorsorgereserven nach § 340 f. HGB, Vorzugsaktien, nicht realisierte Reserven in Grundstücken, Gebäuden, Wertpapieren, Investmentanteilen, steuerfreie Rücklagen und Genussrechtsverbindlichkeiten; Beispiele für Ergänzungskapital 2. Klasse sind längerfristige nachrangige Verbindlichkeiten und der Haftsummenzuschlag bei Genossenschaften.

## 1.1 Wesentliche Inhalte von Basel III

dient der Abdeckung systemischer oder makroprudenzieller Risiken auf nationaler Ebene und soll mindestens 1 % betragen. Der Systemrisikopuffer kann von den nationalen Aufsichtsbehörden unter Berücksichtigung bestimmter Verfahren flexibel für verschiedene Institutsgruppen oder Forderungsklassen festgelegt werden.

Für *systemrelevante Institute* sind in Art. 131 und 132 CRD IV [26] noch weitere Kapitalpuffer vorgesehen. Dabei wird unterschieden zwischen global systemrelevanten Instituten und anderweitig systemrelevanten Instituten. Dieser zusätzlich vorzuhaltende Kapitalpuffer soll ab 2016 verpflichtend vorgehalten werden und für die *global systemrelevanten* Institute 1 % bis 3,5 % des Gesamtforderungsbetrages betragen.

Für die *anderweitig systemrelevanten* Institute können die nationalen Aufsichtsbehörden einen zusätzlichen Kapitalpuffer in Höhe von maximal 2 % des Gesamtforderungsbetrages festsetzen. Dabei erfolgt die Unterscheidung von global systemrelevanten und anderweitig systemrelevanten Instituten anhand verschiedener in der Richtlinie beschriebener Kriterien und Kategorien, welche noch in Form einer Leitlinie verfeinert werden sollen.

Auch diese beiden Kapitalpuffer sind in Form von hartem Kernkapital vorzuhalten und bei den in Abb. 1.4 und 1.5 dargestellten Kapitalanforderungen zusätzlich zu berücksichtigen.

Abbildung 1.6 gibt einen abschließenden Überblick über alle im Rahmen der CRD IV zur Umsetzung der Regelungen von Basel III vorgesehenen Kapitalpuffer.

Als ergänzende Information zu den oben dargestellten Puffern aus systemischen Risiken (Art. 131 bis Art. 134 CDR IV [26]) sei erwähnt, dass ein Institut – falls

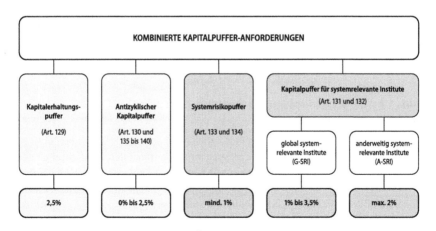

**Abb. 1.6** Kapitalpuffer der CRD IV im Überblick ([23], S. 69)

10  1 Wesentliche Inhalte von Basel III und Auswirkungen auf die Kreditinstitute

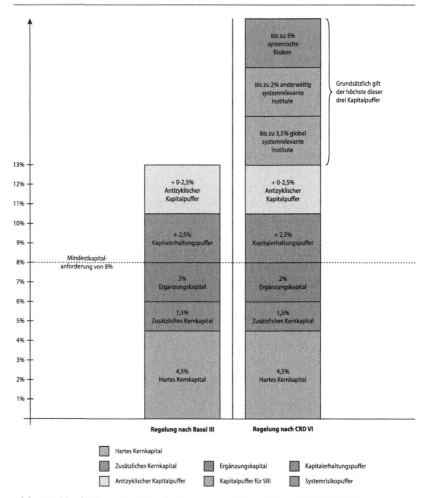

**Abb. 1.7** Vergleich der Kapitalanforderungen nach Basel III und CRD IV [20]

es mehreren Puffern unterliegt – grundsätzlich den höchsten Puffer zu berücksichtigen hat. Gesetzt den Fall, dass der Systemrisikopuffer allerdings lediglich für Risikopositionen gilt, welche in einem Mitgliedstaat zu belegen sind, welcher den Puffer definiert, so ist die Anforderung zu einem gegebenenfalls anzuwendenden Kapitalpuffer G-SRI oder A-SRI additional zu betrachten.

Abbildung 1.7 zeigt die Unterschiede bei den Kapitalanforderungen zwischen Basel III und der CRD IV [26].

## 1.1.3 Leverage Ratio

Neben den genannten Eigenkapitalanforderungen, die in der Regel mit der Erfassung verschiedener Markt-, Kredit- und operationeller Risiken verbunden sind und insbesondere Risiken aus Verbriefungen, im Handelsbuch, Kontrahenten-Ausfall und aus Engagements gegenüber einer zentralen Gegenparteien betreffen, beinhaltet Basel III Anforderungen an die nicht risikobasierte Höchstverschuldungsquote – die sogenannte *Leverage Ratio*.

Zur Ermittlung der Leverage Ratio wird das Eigenkapital ins Verhältnis zur nicht risikogewichteten Aktiva und den außerbilanziellen Geschäften gesetzt. Hierdurch ergibt sich folgende in Formel 1.1 dargestellte Bildungsvorschrift:

$$\text{Leverage Ratio} = \frac{\text{Kapitalmessgröße}}{\text{Engagementmessgröße}} > 3\%$$

**Formel 1.1: Leverage Ratio ([19], S. 1)**

Dabei wird in der am 12. Januar 2014 vom Baseler Ausschuss für Bankenaufsicht genehmigten Fassung der Rahmenregelung und Offenlegungsanforderungen für die Höchstverschuldungsquote [19] das Kernkapital (Tier 1) als Kapitalmessgröße festgelegt. Die Engagementmessgröße beinhaltet die bilanziellen und außerbilanziellen Geschäfte und setzt sich aus den folgenden vier Hauptkategorien zusammen:

- on balance sheet exposure – bilanzielle Positionen
- derivative exposure – derivative Positionen
- securities financing transaction exposure – Positionen aus Wertpapierfinanzierungsgeschäften
- off-balance sheet items – außerbilanzielle Posten

Für jede Kategorie wurde detailliert festgelegt, wie diese speziell zu behandeln ist. Neu eingeführt wurde die teilweise Zulässigkeit von Nettings bei Derivaten und Wertpapierfinanzierungsgeschäften.

Demzufolge weist eine Bank mit einem hohen Verschuldungsgrad eine niedrige Leverage Ratio auf. Durch die Einführung der Leverage Ratio soll der Verschuldungsgrad eines Kreditinstitutes begrenzt werden. Sie ist [derzeit] als ergänzende Kennziffer halbjährlich auf der Basis von monatlichen Durchschnittswerten zu ermitteln und in den Offenlegungsberichten zu melden.

Die Leverage Ratio ist zunächst als Informationskennzahl und Beobachtungsgröße in Säule 2 enthalten. Sie soll erst nach Abschluss der Beobachtungsphase von 2013 bis 2017, während die bereits ab 1. Januar 2015 eine Berichterstattung und Veröffentlichung erfolgen muss, endgültig festgelegt und als Mindestkapitalanforderung in Säule 1 integriert werden.

Bei der abschließenden Regelung sollen die Erkenntnisse aus den während der Beobachtungsphase gemeldeten Daten berücksichtigt werden. Gleichzeitig wird künftig die Angemessenheit des angedachten einheitlichen, für alle Kreditinstitute verbindlichen, Satzes von 3 % auf den gesamten Kreditzyklus geprüft. Damit werden Aktiva und außerbilanzielle Geschäfte künftig auf das 33-fache des Eigenkapitals begrenzt.

Die vom Baseler Ausschuss für Bankenaufsicht erarbeiteten einheitlichen Standards für die Berechnungsgrundlagen sowie die Form der Offenlegung sollen eine weltweite Vergleichbarkeit der Leverage Ratio gewährleisten. In diesem Zusammenhang soll bis zur endgültigen Einführung in 2018 ein Praxistest zur Ermittlung der Auswirkungen bei Anwendung verschiedener Berechnungsmethoden und nationaler Rechnungslegungsstandards durchgeführt werden.

Die CRD IV [26] sieht für Anfang 2018 die abschließende Festlegung einer europaweit einheitlichen Höchstverschuldungsquote vor. Zu diesem Zeitpunkt wird auch über eine Übernahme in Säule 1 als verbindliche, risikounabhängige Messgröße oder einen Verbleib in Säule 2 im Rahmen des aufsichtsrechtlichen Überprüfungsprozesses entschieden.

*Frenkel* und *Rudolf* stellen in ihrem im Auftrag des Bundesverbands deutscher Banken erstellten Gutachten zu den Auswirkungen einer Leverage Ratio als zusätzliche aufsichtsrechtliche Beschränkung der Geschäftstätigkeiten von Banken [2] verschiedene Anreizeffekte sowie mögliche Reaktionen des Bankensystems dar.

Ein wichtiger darin beschriebener und unterlegter Aspekt ist die mögliche Wettbewerbsverzerrung auf Grund der derzeit vorhandenen unterschiedlichen Rechnungslegungsstandards. Diese führen zu teilweise deutlichen Unterschieden hinsichtlich der Höhe des zu unterlegenden Eigenkapitals. Für *Frenkel* und *Rudolf* ist noch unklar, wie diese Unterschiede auf Grund der unterschiedlichen ‚Accounting Standards' zum Beispiel hinsichtlich der Zulässigkeit des Nettings bei Derivate-Positionen und bei der Behandlung stiller Einlagen und stiller Reserven berücksichtigt werden müssen.

Weiter ist zu beachten, dass die Leverage Ratio als zusätzliche Regulierungsgröße des internationalen Bankensystems nur dann relevant ist, wenn sie nicht mit vorhandenem risikoadjustierten Eigenkapital erfüllt werden kann und damit auch bindend ist. Dabei ist von der folgenden Annahme auszugehen: „Banken verhalten sich so, dass sowohl die Leverage Ratio Regel wie auch die klassische Regel zu den risikogewichteten Aktiva erfüllt ist, es ist aber immer nur eine von beiden Regeln bindend" ([2], S. 8).

## 1.1 Wesentliche Inhalte von Basel III

Die Leverage Ratio wird mit einem übermäßigen Aufbau an außerbilanziellen Risikopositionen und Modellrisiken begründet. Sie stellt eine „vertikale Regel" dar, die eine auf sämtliche Anlagen bezogene Mindest-Eigenkapitalquote verlangt, welche unabhängig vom jeweiligen in den Positionen der Aktiva und Passiva enthaltenen Risiko und eventuellen Absicherungen über Derivatepositionen ist.

Das Gutachten beschreibt und diskutiert die folgenden möglichen Reaktionen des Bankensystems auf die Einführung der Leverage Ratio:

- Abbau von Absicherungspositionen in Form von Derivaten, wenn die Eigenkapitalausstattung für Abdeckung der RWA ausreichend ist. Hier wird die Leverage Ratio zum Engpassfaktor.
- Bilanzverkürzungen durch Verbriefung und Auslagerung von Risikopositionen oder Beschränkung des Kreditangebots.
- Eigenkapitalerhöhungen, die wiederum zu einer Verringerung der Eigenkapitalrendite führen können.

Die Leverage Ratio impliziert somit einen Anreiz, mehr Risiken einzugehen, was nicht der Zielsetzung von Basel III eines sichereren Finanzsystems entspricht. Durch den Fokus auf die Leverage Ratio könnte es – wie schon zuvor in den USA – zu einer Ausrichtung der Geschäftsmodelle auf ertragreichere aber auch risikostärkere Bankgeschäfte kommen.

Verbriefungen von Kreditrisikopositionen können zu einer Tendenz zur Risikoverlagerung auf den Kapitalmarkt führen. Die Risiken bleiben jedoch im Finanzsystem, da die Verbriefungen lediglich zu einer Veränderung der Kreditstruktur von bankbasiert auf kapitalmarktbasiert bei gleichbleibendem Gesamtkreditvolumen führen.

Im weiteren Verlauf werden in dem Gutachten die folgenden möglichen Anpassungsreaktionen des Bankensystems dargestellt:

- Erhöhung der Eigenkapitalausstattung, was kurzfristig nur sehr begrenzt über Umschichtungen bei Vermögenswerten, Bildung von Ersparnissen oder Gewinnthesaurierung möglich ist.
- Reduzierung des Kreditvolumens – Deleveraging – zur Erfüllung der Leverage Ratio.

Dabei ist zu berücksichtigen, dass in der Regel nur geringe Teile des Kreditvolumens kurzfristig abbaubar sind und kurzfristige Kredite meist der Bereitstellung einer für die Abwicklung des Zahlungsverkehrs erforderlichen Liquidität dienen. Um der Gefahr einer zu starken Einschränkung bei Liquiditätsversorgung und Zahlungsverkehr entgegenzuwirken sollten daher Anpassungszeiträume von mindestens ein bis zwei Jahren berücksichtigt werden.

Aus volkswirtschaftlicher Sicht wird die folgende Wirkungskette bei einer Reduzierung des Kreditvolumens beschrieben: Durch eine geringere Kreditaufnahme kommt es zu einer sinkenden Konsum- und Investitionsnachfrage. Dieser Effekt wird durch ein geringeres Kreditangebot, welches zu einem Zinsanstieg verbunden mit einem weiteren Rückgang der Konsum- und Investitionsnachfrage führt, noch verstärkt. Indirekt kommt es im weiteren Verlauf zu steigenden Finanzierungskosten verbunden mit einer sinkenden Eigenkapitalrendite. Der dadurch indizierte Rückgang der Investitionsnachfrage kann in der Folge zu Wachstumseinbußen und Beschäftigungseffekten in Form eines Anstiegs der Arbeitslosigkeit führen. Um diese negativen Auswirkungen zu vermeiden oder zumindest abzumildern ist eine schrittweise Anpassung über einen längeren Zeitraum notwendig, damit Kreditinstitute die Möglichkeit zum Aufbau eines entsprechenden Eigenkapitals erhalten.

Zu den längerfristigen volkswirtschaftlichen Auswirkungen findet sich in dem Gutachten die folgende Aussage:

> Eine Leverage Ratio wirkt in dem Maße prozyklisch, wie in Rezessionen Kreditausfälle zu Abschreibungen, entsprechenden Verlusten und letztlich zur Reduktion des Eigenkapitals führen, so dass Banken, die bereits ihre Leverage Ratio ausgeschöpft hatten, eine Reduktion ihres Kreditvolumens vornehmen müssen. ([2], S. 84)

In einer Stellungnahme [24] zu dem vom Baseler Ausschuss erarbeiteten und im Juni 2013 veröffentlichtem Diskussionspapier zur finalen Gestaltung der Leverage Ratio – Revised Basel III leverage ratio framework and disclosure requirements – consultative document [15] – wurden von der Kreditwirtschaft unter anderem die folgenden Kritikpunkte ausgeführt:

- Die mit den risikobasierten Kapitalanforderungen einhergehenden Anreize zur Risikoreduzierung gehen durch den vorgesehenen einheitlichen Satz für alle Positionen verloren.
- Bei den derzeit angedachten Modellen zur Leverage Ratio wären die Kapitalanforderungen für das vergleichsweise risikoarme großvolumige Geschäft mit niedrigeren Margen eher verschuldungs- als risikobasiert. Dies hätte wiederum zur Folge, dass diese Geschäftsfelder mit geringer Profitabilität eher reduziert würden, während Transaktionen mit höheren Risiken ausgeweitet werden. Dadurch würden die zur Stabilisierung und Sicherung des Finanzsystems aufgestellten risikobasierten Eigenkapitalregelungen ausgehebelt.

- Je nach Definition der Leverage Ratio kann diese durch die angewendeten Rechnungslegungsvorschriften sowie durch verschiedene bilanzpolitische Maßnahmen beeinflusst werden. Dabei wird das aus den bilanziellen und außerbilanziellen Transaktionen hervorgehende wirtschaftliche Risiko nicht oder nur unzureichend berücksichtigt.
- Je nachdem, wie die endgültigen Regelungen bezüglich der Einbeziehung verschiedener außerbilanzieller Positionen ausgestaltet werden, kommt es in der Folge zu einer Erhöhung der Gesamtposition und damit zu einem zusätzlichen Kapitalbedarf. Dabei sollen die außerbilanziellen Risiken möglichst komplett erfasst und im Rahmen der Verschuldungsobergrenze berücksichtigt werden.
- Es wird deutlich, dass die Leverage Ratio in keinem Fall als Ersatz für die auf der RWA basierenden Eigenkapitalregeln angesehen werden darf.

Auf Basis dieses Diskussionspapieres einigte sich der Baseler Ausschuss für Bankenaufsicht am 12. Januar 2014 auf die unter dem Titel ‚Basel III leverage ratio framework and disclosure requirements' [19] veröffentlichte Fassung der Rahmenregelung und Offenlegungsanforderungen für die Höchstverschuldungsquote. Damit wurde die Basis für eine weltweit einheitliche Definition der Leverage Ratio gelegt. Durch die darin beschlossenen Erleichterungen bei der Behandlung von Derivaten und Wertpapierfinanzierungsgeschäften durch die teilweise bestehende Möglichkeit eines Nettings kommt es de facto zu einer Verringerung der Engagementmessgröße und damit zu einer Erhöhung der Leverage Ratio. In der Folge ergibt sich insbesondere für große Institute wie die Deutsche Bank mit einem hohen Bestand an Derivatepositionen ein klarer Vorteil hinsichtlich des vorzuhaltenden Kernkapitals. Während der Beobachtungsphase bis zur Übernahme in Säule 1 zum 1. Januar 2018 sollen die Auswirkungen der derzeitigen Vorschriften untersucht und bei Bedarf nochmals entsprechend angepasst werden.

### 1.1.4 Liquidität

Das Rahmenwerk zu den Liquiditätsvorschriften [11] beinhaltet folgende Mindeststandards, die erstmals weltweit einheitlich festgelegt wurden:

- LCR (Liquidity Coverage Ratio): eine kurzfristige Liquiditätsdeckungskennziffer als Mindestliquiditätsquote bei einem 30-tägigen Liquiditätsstressszenario. Die Berechnung erfolgt nach folgender Formel 1.2:

$$LCR = \frac{\text{hochwertige fungible Aktiva}}{\text{Nettomittelabfluss über 30 Tage unter Stress}} > 100\%$$

**Formel 1.2: Liquidity Coverage Ratio ([1], S. 34)**

- NSFR (Net Stable Funding Ratio): eine stabile Finanzierungskennziffer als langfristige strukturelle Liquiditätsquote für einen Zeitraum von einem Jahr zum Ausgleich von Liquiditätsinkongruenzen.
Die Berechnung erfolgt nach folgender Formel 1.3:

$$\text{NSFR} = \frac{\text{verfügbare stabile Refinanzierungsmittel}}{\text{erforderliche stabile Refinanzierungsmittel}} > 100\%$$

**Formel 1.3: Net Stable Funding Ratio ([1], S. 34)**

- Monitoring Tools zur Steuerung und aufsichtsrechtlichen Überwachung des Liquiditätsrisikos sowie weitere vier Beobachtungskennziffern, die durch die jeweiligen Aufsichtsinstanzen ermittelt und überwacht werden.

Im Januar 2013 wurde ein weiteres Rahmenwerk zur Liquidität [14] mit zum Teil neuen Regelungen veröffentlicht. Diese sehen eine stufenweise Einführung der LCR zwischen 2015 und 2019 vor und konkretisieren die Mindestanforderungen für den kurzfristigen Liquiditätspuffer. Dabei wird ab 1. Januar 2015 eine Quote von 60% verbindlich vorgeschrieben. Über die vier folgenden Jahre ist diese um 10% pro Jahr zu steigern, bis 2019 die 100% erreicht sind. Abbildung 1.8 zeigt die stufenweise Einführung der LCR im Zeitablauf.

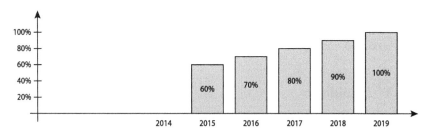

**Abb. 1.8** LCR Einführung im Zeitablauf. (Eigene Darstellung)

Zusätzlich wurden die Mindestanforderungen an die hochliquide Aktiva entschärft. Dazu werden die ‚Level 2 Vermögenswerte' unterteilt in Level 2 a, welche den bisherigen Level 2 Vermögenswerten entsprechen, und Level 2 b bestehend aus Residential Mortgage Backed Securities mit Rating bis AA (Ansatz mit maximal 75%), zentralbankfähigen Stammaktien (Ansatz mit maximal 50%) sowie

## 1.1 Wesentliche Inhalte von Basel III

qualifizierten Unternehmensanleihen mit Rating bis BBB- (Ansatz mit maximal 50 %). Bei den Level 2 b Vermögenswerten besteht ein nationales Wahlrecht bezüglich der teilweisen Anerkennung dieser Positionen im Rahmen der Ermittlung der hochliquiden Aktiva. Der zulässige Anteil der Level 2 Vermögenswerte wird auf maximal 40 % beschränkt. Die Level 2 b Vermögenswerte dürfen einen Anteil von 15 % nicht überschreiten.

Des Weiteren können nach Ermessen der nationalen Aufsicht auch Teile der Mindestreserve im Rahmen der neu definierten Zentralbankguthaben als hochliquide Aktiva anerkannt sowie der Abflussfaktor für die der Einlagensicherung unterliegenden Retail-Einlagen von 5% auf 3 % gesenkt werden. Neue Regelungen gibt es zudem bei den zu berücksichtigenden Abflussraten und Ziehungsquoten für bestimmte Positionen sowie den Berechnungsmethoden und Meldepositionen im Bereich der Derivate.

Die Meldungen an die nationale Aufsicht sind mindestens monatlich zu erstellen. In Stresssituationen kann die Aufsicht wöchentliche oder sogar tägliche Meldungen verlangen.

Neu ist auch die Regelung, dass der Bestand an hochliquider Aktiva in Zeiten finanzieller Anspannung auch kurzzeitig unter die verlangte Quote von 100 % fallen darf. Dies ist dann von den nationalen Aufsichtsbehörden zu prüfen und zu beurteilen.

Die NSFR soll ab 1. Januar 2018 verbindlich werden. Sie zeigt, in wieweit eine Fristenkongruenz und eine ausgewogene Fristenstruktur zwischen Aktiva und Passiva über verfügbare Refinanzierungsmittel eingehalten ist. Die endgültigen Details zu den Regelungen zur NSFR sollen bis 2016 auf Basis der Erfahrungen während der Beobachtungsphase konkretisiert und festgelegt werden.

Derzeit werden die beiden Liquiditätskennziffern und die durch sie gestellten und teilweise noch zu konkretisierenden Anforderungen auf Grund erwarteter negativer Nebenwirkungen teilweise recht kontrovers diskutiert. Sicher ist, dass die Liquiditätsreserve und damit die Liquiditätssteuerung zukünftig an Bedeutung gewinnen werden. Durch die Einführung der bankaufsichtsrechtlichen Mindestliquiditätsvorschriften soll eine jederzeitige Zahlungsbereitschaft der Kreditinstitute gewährleistet werden.

Die folgende Abb. 1.9 gibt einen kurzen Überblick über die zuvor dargestellten stufenweise einzuführenden wesentlichen Elemente aus den Basel III – Rahmenwerken.

Die Verschiebung der Einführung auf den 1. Januar 2014, welche aufgrund von Verzögerungen durch die nationalen Gesetzgebungsprozesse notwendig wurde, ist hier bereits berücksichtigt.

18  1 Wesentliche Inhalte von Basel III und Auswirkungen auf die Kreditinstitute

**STUFENWEISE EINFÜHRUNG DER REGELUNGEN VON BASEL III**

| | Eigenkapital | Kapitalerhaltungspuffer | Antizyklischer Kapitalpuffer | Leverage Ratio | LCR | NSFR |
|---|---|---|---|---|---|---|
| 2014 | Stufenweiser Aufbau des geforderten Kapitals mit Berücksichtigung von Abzugspositionen schrittweise ab 2014 bis 2018 | | | Beobachtungsphase | Beobachtungsphase | |
| 2015 | | | | | Stufenweise Einführung beginnend mit 60% | |
| 2016 | | Stufenweise Berücksichtigung der Abzugspositionen schrittweise zwischen 2014 und 2018 | | Beginn der Offenlegung und Meldepflicht der Leverage Ratio | 70% | Beobachtungsphase |
| 2017 | | | Stufenweise Einführung zwischen 2016 und 2019 | Stufenweise Einführung zwischen 2016 und 2019 | Einführung und endgültige Festlegung nach Abschluss der Beobachtungsphase ab Anfang 2018 mit Entscheidung über eine Berücksichtigung in Säule 1 oder den Verbleib in Säule 2 | 80% | |
| 2018 | | | | | 90% | Einführung nach Abschluss der Beobachtungsphase |
| 2019 | | | | | vollständige Einführung | |

Ab hier sollten die neuen Regeln komplett umgesetzt sein.

**Abb. 1.9** Agenda zur Einführung von Basel III. (Eigene Darstellung)

## 1.1.5 Offenlegungsanforderungen

Durch die erweiterten Offenlegungsanforderungen soll eine höhere Transparenz bezüglich der Ermittlung des regulatorischen Eigenkapitals erreicht werden, die dazu beitragen soll, das Vertrauen in die Kapitalmärkte wiederzuerlangen und damit eine Stabilisierung der Finanzmärkte zu fördern. Dabei wird zukünftig die Offenlegung folgender Elemente verlangt:

- Vollständige Überleitungsrechnung aller regulatorischen Kapitalelemente
- Separate Offenlegung aller Abzugspositionen
- Beschreibung aller Beschränkungen und Mindestanforderungen

- Darstellung der wesentlichen Elemente emittierter Kapitalinstrumente
- Grundlagen der Berechnung der auf Komponenten des Kapitals abstellenden Quoten.

### 1.1.6 Anforderungen an die Risikobehandlung

Risiko wird definiert als „die in einem unzureichenden Informationsstand begründete Gefahr einer negativen Abweichung des tatsächlichen Ergebniswertes vom erwarteten Ergebniswert" ([7], S. 58). Mit dem Ziel, diese potentiellen negativen Abweichungen zu erkennen, zu analysieren, zu bewerten und zu bewältigen wurden bereits in Basel II Grundlagen zur Risikobehandlung und zum Rating festgelegt. Hierzu zählten insbesondere die Behandlung von Kredit- und Marktrisiken, sowie operationeller Risiken. Außerdem wurden in Basel II verschiedene Verfahren zur Ermittlung der risikogewichteten Aktiva auf Basis interner und externer Ratings beschrieben. Basel III erweitert den Umfang des Risikomanagements um die Bereiche Liquiditätsrisiken, sowie rechtliche Risiken und führt spezielle Regelungen zu Risikokonzentrationen, Stresstests, Reputationsrisiken sowie Veränderungen bei den Eigenmittelanforderungen für Kontrahentenrisiken, Handelsbücher und Verbriefungen ein.

Ferner werden die Unternehmensführung/Corporate Governance sowie Vorschriften zur Vergütung einer näheren Betrachtung unterzogen, wodurch eine nachhaltige Stabilität in Form der Sicherung von Liquidität und Rentabilität erreicht werden soll. Darüber hinaus sind fortan auch langfristig wirkende strategische Risiken zu überwachen, um eine dauerhafte Existenzsicherung zu gewährleisten. Kreditinstitute müssen eingegangene Risiken künftig noch sorgfältiger prüfen und eine höhere Risikovorsorge treffen. Die durch die Leitung erstellte Risikostrategie bildet den Rahmen für das Risikomanagement und Risikocontrolling und muss in die Gesamtbanksteuerung integriert werden.

Im Rahmen der Risikoüberwachung erfolgen Kontrolle, Reporting sowie die Ableitung und Implementierung von Maßnahmen zur Risikosteuerung, Risikoprävention und Prüfung der Risikotragfähigkeit. Über die vorhandenen Risikoarten und getroffene Maßnahmen zu deren Steuerung und Überwachung muss regelmäßig in einem Risikobericht, der auch das Risikoprofil und den Einfluss der Risiken auf den Erfolg des Kreditinstitutes beinhaltet, informiert werden. Im Falle drohender Verluste trägt das Risikomanagement über Ad hoc-Mitteilungen zu einer schnellen Informationsweitergabe bei.

Die Baseler Regelungen beschreiben verschiedene Risikomodelle, die Implementierung eines Limitsystems zur Überwachung der Limit-Auslastung sowie der

Entwicklung von Maßnahmenplänen im Fall von Überschreitungen und zur Gewährleistung der Risikotragfähigkeit. Sie verlangen eine geeignete Infrastruktur für das Risikomanagement sowie die Bewertung der Prozesse durch unabhängige Kontrollinstanzen. In der 2. Säule beschreibt Basel III den aufsichtsrechtlichen Überprüfungsprozess. Kernelemente dabei sind die Einführung adäquater Risikomanagementsysteme und deren Überwachung durch die nationale Aufsicht. So muss gewährleistet sein, dass genügend internes Kapital zur Abdeckung aller wesentlichen Risiken verfügbar ist und angemessene Leistungs-, Steuerungs- und Kontrollprozesse vorliegen. Die Überprüfung erfolgt jährlich durch die nationalen Aufsichtsbehörden im Rahmen des „Supervisory Review and Evaluation Process" (SREP).

### 1.1.7 Exkurs zu den aktuellen Entwicklungen bezüglich der Einführung von Basel III in den USA

Lange Zeit sah es so aus, als wollten die Amerikaner die internationalen Kapitalregelungen von Basel III nicht in nationales Recht umsetzen. Umso überraschender war die in der Folge dargestellte Entwicklung.

Die Notenbank FED hat Anfang Juli 2013 neue Kapitalregeln zur Umsetzung von Basel III bezüglich der Kapitalausstattung der Banken ausgearbeitet und der US-Aufsicht vorgelegt. Dabei will sie die internationalen Kapitalvorschriften sogar in einer noch verschärften Form umsetzen. Der Vorschlag wurde auch schon von den beiden anderen Aufsichtsbehörden – der Einlagensicherung FDIC und der Währungsaufseher OCC – bestätigt und musste noch den Kongress passieren.

Die neuen Kapitalregeln sehen insbesondere für die acht großen und als international systemrelevant angesehenen amerikanischen Kreditinstitute – JP Morgan Chase & Co, Wells Fargo & Co, Goldman Sachs Group Inc., Bank of America Corp., Citigroup, Morgan Stanley, State Street und die Bank of New York Mellon – deutlich verschärfte Regelungen vor. So soll beispielsweise statt der unter Basel III vorgeschriebenen Leverage Ratio von 3 % eine Kapitalunterlegungsquote in Höhe von 5 % bis 6 % vorgehalten werden. Einzelne Senatoren fordern sogar eine Unterlegung von bis zu 15 %. Diese Vorgabe sollte zum 1. Januar 2014 eingeführt werden und das geforderte Kapital muss schrittweise bis 2019 aufgebaut werden. Die geplante Verschärfung wird von Europa durchaus kritisch gesehen, da es hierdurch zu Wettbewerbsverzerrungen kommen kann. Neben der Verschuldungsquote soll auch die in Basel III geforderte Kapitalquote zur Unterlegung von Risiken entsprechend eingehalten werden. Für kleinere Kreditinstitute sehen die geplanten Regelungen umfangreiche Ausnahmen vor. Diese müssen sich voraussichtlich erst ab 2015 an die neuen Vorgaben halten.

Über den seit Oktober 2013 laufenden Stresstestzyklus mit neun aufeinanderfolgenden quartalsweisen Untersuchungen, welcher auf den Beschlüssen vom Juli 2013 aufbaut, soll die Einhaltung der Kapitalquoten bei den amerikanischen Großbanken geprüft werden. Vorgesehen ist dabei auch die erstmalige Einbeziehung der bislang unberücksichtigten kleinen Institute.

Derzeit weisen die großen amerikanischen Kreditinstitute meist eine deutlich höhere Leverage Ratio auf als ihre europäischen Konkurrenten. Ein Grund hierfür liegt in der amerikanischen Rettungspolitik zu Beginn der Finanzkrise 2008/2009. Während dieser Zeit wurden die in Schwierigkeiten geratenen amerikanischen Banken durch Zuführung von neuem Eigenkapital gerettet. Im Unterschied dazu wurde den Kreditinstituten in Europa über staatliche Garantien geholfen, mit denen sie sich wieder neues Geld am Kapitalmarkt beschaffen konnten.

Es ist vorgesehen, dass für die großen amerikanischen Banken die Umsetzung der ab 2019 vorgesehenen Regelungen zur LCR bereits ab 2017 zur Pflicht werden soll.

Zur Debatte steht zusätzlich noch eine Sonderregelung für in den USA tätige Tochterunternehmen ausländischer Banken, die zukünftig eigenes Eigenkapital zu Risikounterlegung vorweisen müssen. Die bislang gültige Anrechnung des Kapitals der Mutterunternehmen soll demnach entfallen.

Bezüglich der Bankenregulierung ist die USA mit der Volcker Rule den europäischen Aufsehern bereits einen Schritt voraus. Diese verpflichtet die Großbanken dazu, bereits heute riskante Handelsaktivitäten abzuspalten. In Europa gab es in diesem Zusammenhang in jüngster Zeit immer wieder Diskussionen bezüglich der Umsetzung des Trennbankengesetzes.

## 1.2 Auswirkungen auf die Kreditinstitute

Zur Untersuchung der Auswirkungen von Basel III werden vom Baseler Ausschuss seit 2010 regelmäßig halbjährliche Auswirkungsstudien auf Ebene aller Mitgliedsstaaten durchgeführt. Für die folgenden Ausführungen wurden die Ergebnisse der im März 2014 veröffentlichten Studie (Basel III – Monitoring Report [17]) verwendet.

### 1.2.1 Kapitalquoten

Wenn bereits heute die ab 2019 geltenden Anforderungen zu Grunde gelegt werden, wird das harte Kernkapital der Gruppe 1-Banken mit einem Kernkapital von mehr als drei Milliarden Euro von 11,0 % auf 9,5 % und bei Gruppe 2-Banken mit einem Kernkapital bis zu drei Milliarden Euro von 11,3% auf 9,5 % zurückgehen. Dieser deutliche Rückgang ist vor allem auf die neue Definition des Abzugskapitals sowie den Anstieg des Wertes der risikogewichteten Aktiva zurückzuführen. Aus diesem Ergebnis ergibt sich für die Gruppe 1 ein Kapitalbedarf in Höhe von 3,3 Mrd. € bis Anfang 2015 durch die Erhöhung der harten Kernkapitalquote auf 4,5% und 57,5 Mrd. € bis Anfang 2019 unter Berücksichtigung von 2,5 % zusätzlichem harten Kernkapital für den Kapitalerhaltungspuffer bei einem Gewinn nach Steuern von 456 Mrd. €. Für die Gruppe 2 wurde ein Kapitalbedarf in Höhe von 12,4 Mrd. € bis Anfang 2015 durch die Erhöhung der harten Kernkapitalquote auf 4,5% und 27,7 Mrd. € bis Anfang 2019 zusammen mit den 2,5% an zusätzlichem hartem Kernkapital für den Kapitalerhaltungspuffer bei einem Gewinn nach Steuern von 26 Mrd. € ermittelt.

An dieser Stelle sei darauf hingewiesen, dass 98% (95%) der Gruppe 1-Banken und 95% (88%) der Gruppe 2-Banken bereits heute eine harte Kernkapitalquote von 4,5% (7%) ausweisen. Die Verbesserung der harten Kapitalquote der Gruppe 1-Banken um ca. 2% in den letzten 18 Monaten ist vor allem auf Maßnahmen zur Senkung der RWA und Kapitalabzugspositionen sowie die kontinuierliche Zufuhr von neuem hartem Kernkapital zurückzuführen.

Bei vollständiger Implementierung von Basel III nach Auslaufen der Übergangsregelungen ergeben sich folgende Auswirkungen auf die Kapitalquoten:

Die gesamte Kernkapitalquote der Gruppe 1 wird von 12,0 % auf 9,7% und bei Gruppe 2 von 11,8 % auf 9,9% zurückgehen. Die Gesamtkapitalquote reduziert sich in Gruppe 1 von 14,6 % auf 11,1 % und in Gruppe 2 von 15,1% auf 11,7%.

Die Auswirkungsstudie vom März 2014 [17] geht von einem Gesamtkapitalbedarf zur vollständigen Umsetzung der Anforderungen von Basel III bei Gruppe 1-Banken in Höhe von 305,7 Mrd. – aufgegliedert in 57,5 Mrd. € an hartem Kernkapital, 104,5 Mrd. an weiterem Kernkapital und 143,8 Mrd. an Ergänzungskapital – aus. Bei Gruppe 2-Banken liegt der Gesamtkapitalbedarf bei 47,4 Mrd. € aufgeteilt in 27,7 Mrd. € an hartem Kernkapital, 7,5 Mrd. an weiterem Kernkapital und 12,3 Mrd. an Ergänzungskapital.

Dabei sieht die durchschnittliche Kapitalstruktur wie folgt aus:

- Gruppe 1-Banken: 85,9% CET1, 2,1% additional Tier 1, 12,0% Tier 2
- Gruppe 2-Banken: 80,7% CET1, 3,5% additional Tier 1, 15,8% Tier 2

Der noch immer deutliche Rückgang der Kapitalquoten, den die Studie insbesondere bei Gruppe 1-Banken zeigt, und der hohe zusätzliche Kapitalbedarf machen eine stufenweise Einführung der neuen Regelungen notwendig. Ein weiterer Aufbau des noch benötigten Kapitals kann dann beispielsweise über Gewinnthesaurierung erfolgen.

1.2 Auswirkungen auf die Kreditinstitute

Als mögliche Treiberfaktoren für den Rückgang der Kapitalquoten werden folgende Abzugskategorien genannt: Firmenwert, latente Steueransprüche (DTAs), Beteiligungen an anderen Finanzinstitutionen (Finanzbeteiligungen) sowie Minderheitsbeteiligungen.

Die Studie nennt dabei als Hauptauslöser für den Rückgang der Kernkapitalquoten insbesondere die neuen Kapitaldefinitionen, Veränderungen der Regelungen zu den Abzugspositionen sowie Erhöhungen der RWA. Dabei sind die größten Veränderungen bei Banken mit ausgeprägten Handelsaktivitäten über zentrale Gegenparteien zu beobachten. Des Weiteren ist zu berücksichtigen, dass die Auswirkungen der neuen Regelungen zu Kapitalabzügen und Ermittlung der RWA bei großen Instituten regelmäßig stärker sind als bei kleineren Banken.

Auf Grund des künftigen Wegfalls des bislang als Eigenkapital anerkannten Nachrangkapitals (Tier 3) kann es zu einem weiteren Kapitalbedarf und gegebenenfalls zu einem Spannungsverhältnis zur risikogewichteten Aktiva kommen mit der Folge, dass Risikoaktiva und damit Kredite abgebaut werden müssen.

Die Veränderungen bei der Risikogewichtung im Vergleich zu den Vorgaben nach Basel II führen zu einem Anstieg der mit Eigenkapital zu hinterlegenden risikogewichteten Aktiva in Höhe von 9,1 % bei Gruppe 1-Banken und von 7,1 % bei Gruppe 2-Banken. Dies ist vor allem auf die neue Gewichtung der Risikoabdeckung für Handelsbuch, Verbriefungen und Kontrahenten-Ausfallrisiken zurückzuführen. Die Auswirkungen auf die Kapitalpositionen sind hierbei voraussichtlich geringer als die der veränderten Kapitaldefinitionen.

Ein Vergleich mit den Ergebnissen der vorherigen Auswirkungsstudien zeigt, dass der noch zu deckende Kapitalbedarf der Gruppe 1-Banken im Zeitverlauf weitaus stärker gesunken ist, als der der Gruppe 2-Banken. Zuletzt ist der Kapitalbedarf der Gruppe 2-Banken sogar angestiegen, was jedoch auf Veränderungen bei den an der Studie teilnehmenden Instituten zurückzuführen ist. Die durchschnittlichen Kapitalquoten der Gruppe 2-Banken sind noch immer höher als die der Gruppe 1-Banken. Damit haben sie sich jedoch nur leicht verbessert, während bei Gruppe 1-Banken ein deutlicher Anstieg zu verzeichnen war.

### 1.2.2 Kapitalpuffer als Gegenmechanismus zur Prozyklik

Die prozyklische Wirkung ergibt sich vor allem aus dem Grundprinzip, dass die Risikoübernahme eines Kreditinstituts durch dessen Eigenkapital begrenzt wird. So kann in „guten Zeiten" bei gleichzeitig fallenden Risikomesszahlen aus einbehaltenen Gewinnen Eigenkapital gebildet und die Geschäftstätigkeit und damit der Leverage-Grad erhöht werden. In „schlechten Zeiten" erfordert eine geringere

Bonität der Schuldner eine höhere Eigenkapitalunterlegung während gleichzeitig sinkende Gewinne die Bildung von Eigenkapital bremsen. In der Folge muss das Kreditvolumen reduziert werden.

Dieser Prozyklik soll durch den verpflichtenden Aufbau von Kapitalpuffern in Boomphasen entgegengewirkt werden. Vorgesehen sind ein Kapitalerhaltungspuffer und ein antizyklischer Puffer. Diese Puffer können in kritischen Phasen zur Verlustabsorption verwendet werden und sollen die Auswirkungen möglicher Krisen abfedern. Sie können Kreditvergabespielräume in Abschwungphasen schaffen und die Kreditvergabe in Boomphasen bremsen. Die Dimensionierung des antizyklischen Puffers wird von der nationalen Aufsichtsbehörde untersucht und festgelegt. Die Einführung erfolgt stufenweise ab 2016.

Zusätzlich wird die Prozyklik dadurch verringert, dass die Bildung von Wertberichtigungen in Zukunft über den ‚expected loss'-Ansatz auf Grundlage von künftig erwarteten Ereignissen erfolgen muss. Eine Wertberichtigung ist daher bereits früher zu bilden als bisher.

Eine Reduzierung der Prozyklik ergibt sich auch aus der Differenzierung verwendeter Risikomessverfahren, beispielsweise durch die Verwendung langfristiger Durchschnitte bei der Ermittlung von Ausfallraten und Ausfallwahrscheinlichkeiten unter Berücksichtigung von Abschwungphasen.

### 1.2.3 Leverage Ratio

Die seit Anfang 2014 zu meldende Leverage Ratio (= Verschuldungshöchstgrenze) liegt bei Berücksichtigung der im Regelwerk von Basel III enthaltenen Kernkapitaldefinition derzeit bei durchschnittlich 4,0 % für Gruppe 1-Banken und 4,6 % für Gruppe 2-Banken. Dabei wurden die noch vorgesehenen Veränderungen bei der Behandlung von Derivaten über die Verwendung von Schätzwerten berücksichtigt. Von den an der Auswirkungsstudie [17] teilnehmenden Banken erreichen bei Berechnung auf Basis des Kernkapitals nach Basel III am zu Grunde liegenden Stichtag 19 der 102 Gruppe 1-Banken und 25 der 125 Gruppe 2-Banken den vorgesehenen Wert von 3 % nicht. Unter der Annahme, dass alle Banken die unter Basel III vorgesehene Kapitalquote von 8,5 % erreicht haben, liegt der zusätzliche Kapitalbedarf zur Einhaltung des Zielwertes bei 56,8 Mrd. für Gruppe 1-Banken und 11,9 Mrd. für Gruppe 2-Banken. Damit würden zum Betrachtungszeitpunkt 26,7 % der Gruppe 1 und 26,9 % der Gruppe 2 durch eine Marke von 3 % bei der Kreditvergabe eingeschränkt werden. Das bedeutet im Umkehrschluss, dass 73,2 % der Banken durch die risikobasierten Kapitalquoten stärker eingeschränkt werden als durch die Leverage Ratio. Diese Einschränkungen sind bei Gruppe 2-Banken meist

## 1.2 Auswirkungen auf die Kreditinstitute

stärker als bei Gruppe 1-Banken. Seit Beginn der Auswirkungsstudien in 2011 hat sich die auf Basis des Kernkapitals nach Basel III ermittelte Leverage Ratio für Gruppe 1-Banken von 3,4 % auf 4,0 % erhöht, während die der Gruppe 2-Banken weitestgehend unverändert geblieben ist.

Die Analyse zeigt, dass Gruppe 2-Banken im Allgemeinen weniger hoch verschuldet sind als Gruppe 1-Banken. Dieser Unterschied weitet sich mit vollständiger Einführung der Basel III Anforderungen weiter aus. Es ist wahrscheinlich, dass dieser Effekt zumindest teilweise auf die Veränderungen bei der Kapitaldefinition zurückzuführen ist.

Eine Untersuchung des Zusammenhangs von Leverage Ratio und risikobasierten Kapitalanforderungen zeigt folgendes Ergebnis:

Bei Gruppe 1-Banken kommt es zu einer stetigen Erhöhung von Kernkapital und Gesamtverschuldungsposition (total leverage exposure) bei einer rückläufigen RWA.

Bei Gruppe 2-Banken kommt es zu einer stetigen Erhöhung von RWA und Gesamtverschuldungsposition bei zunächst steigendem und dann stagnierendem Kernkapital.

Auf Grund der Definitionen der Kernkapitalquote und der Leverage Ratio ergibt sich ein Standardverhältnis (normative proportion) von Gesamtverschuldungsposition zu RWA von 2,83. Dieses wird berechnet als Quotient aus 8,5 % vorgeschriebener Kernkapitalquote und 3 % vorgesehener Leverage Ratio. Dabei ist zu beachten, dass bei einem Verhältnis von unter 2,83 mit der gleichen Kernkapitalhöhe die risikobasierten Kapitalquoten leichter zu erreichen sind als die Leverage Ratio. Umgekehrt ist bei einem Verhältnis von über 2,83 die Leverage Ratio leichter zu erreichen als die risikobasierten Kapitalquoten [17].

### 1.2.4 Liquidität

Bei den geplanten neuen Liquiditätsstandards LCR und NSFR kommt die hier zu Grunde gelegte Auswirkungsstudie [17] zu folgenden Ergebnissen:

- Die ab 2015 einzuhaltende *LCR* wurde im Rahmen dieser Studie das zweite Mal seit den im Januar 2013 beschlossenen Änderungen erhoben. Im Durchschnitt erreichten die 102 Gruppe 1-Banken eine LCR von 114 % und die 124 Gruppe 2-Banken einen Wert von 132 %. Dabei gibt es insbesondere innerhalb der Gruppe 2-Banken noch erhebliche Unterschiede.
Derzeit erfüllen bereits 91 % der Institute mindestens die ab 2015 vorgeschriebene Mindesthöhe von 60 %. Aktuell besteht noch eine Kapitallücke in Höhe

von 168 Mrd.. 72% der Banken erreichen schon heute den ab 2019 gültigen Endwert von 100%. Der gesamte Kapitalbedarf für die 100%-Quote liegt aktuell bei 536 Mrd., was 0,9% der Gesamtwerte der Aktiva aller teilnehmenden Institute in Höhe von 62 Billionen entspricht. Als Treiberfaktoren für die Verbesserung der LCR im Zeitablauf sind Veränderungen bei der Kalibrierung der Abflussraten sowie die auf 15% begrenzte Anrechnung der Level 2 b Aktiva zu den hochliquiden Aktiva zu nennen.

Die Studie zeigt eine Differenz zwischen liquiden Anlagen und Zuflüssen sowie Abflüssen und Begrenzungseinflüssen in Höhe von 1.193 Mrd. Der Unterschied zu dem ermittelten Kapitalbedarf von 536 Mrd. zur Erreichung des vorgesehenen Endwertes lässt sich durch den Handel der Banken untereinander erklären. In der Praxis wird der Wert vermutlich zwischen den beiden ermittelten Größen liegen.

- Die ab 2018 einzuhaltende *NSFR* beträgt mit Stand September 2013 durchschnittlich 100% bei Gruppe 1 und 99% bei Gruppe 2 [18]. Dies entspricht einem Kapitalbedarf von ca. 2,0 Billion €, der bis 2018 noch zu decken ist. Im Vergleich dazu wurde bei der vorherigen Auswirkungsstudie noch ein Kapitalfehlbetrag von 2,4 Billion € ermittelt. Dabei wurden die Fehlbeträge der Banken, die derzeit unter 100% liegen nicht mit den Überschüssen der anderen Institute verrechnet. Es sei noch darauf hingewiesen, dass 92% der Institute bereits heute eine NSFR von mindestens 75% und 53% der teilnehmenden Banken den für 2019 vorgesehenen Endwert von 100% oder mehr erreichen.

Es ist zu beachten, dass die Kapitallücken bei LCR und NSFR nicht additiv zu sehen sind, da die Reduzierung einer Lücke gleichzeitig zur Verringerung der anderen Lücke führen kann.

Der NSFR Standard verlangt von Kreditinstituten, dass langfristige Kredite auch mit langfristigem Kapital unterlegt werden. Dies hat möglicherweise Auswirkungen auf Umfang und Bedingungen für langfristige Kredite.

### 1.2.5 Voruntersuchung bedeutender europäischer Kreditinstitute durch die EZB

Mit Beschluss vom 15. Oktober 2013 hat der Europäische Rat die Verordnung zum einheitlichen Aufsichtsmechanismus (SSM – Single Supervisory Mechanism) [28] verabschiedet. Sie ist mit Veröffentlichung im EU-Amtsblatt im November 2013 in Kraft getreten. Durch diese Verordnung wird die Europäische Zentralbank nach Abschluss einer umfassenden Prüfung der Kreditinstitute mit der Bankenaufsicht

## 1.2 Auswirkungen auf die Kreditinstitute

der Großbanken in ihrem Zuständigkeitsbereich der 18 Euro-Länder beauftragt. In Vorbereitung dieser Aufgabe überprüft die Europäische Zentralbank über ein „Comprehensive Assessment" die wichtigsten europäischen Kreditinstitute hinsichtlich ihrer derzeitigen Kompatibilität mit den Anforderungen aus Basel III/ CRD IV, das heißt auf eine vorzuhaltende Mindestquote in Höhe von 8 % hartem Kernkapital (Tier-1-Kapital).

Der Hintergrund dieser Maßnahme ist eine Vorab-Bestandsaufnahme der internen Geschäftsdaten hinsichtlich des Kapitalisierungszustandes unter Berücksichtigung der ab 2019 geltenden Regelungen mit dem Ziel, eine *Transparenz* bezüglich der vorliegenden Risiken und Lasten zu erreichen. Als weitere Ziele sollen die Möglichkeit zu *Korrekturmaßnahmen* sowie *Vertrauensbildung* genannt werden. Mit dieser Untersuchung stellt sich die EZB auf ihren ab November 2014 beginnenden Prüfauftrag ein und verschafft sich einen detaillierten Überblick über den Zustand der Bankenlandschaft. Dies betrifft insbesondere die Geschäftsbanken in den EURO-Krisenstaaten wie Griechenland, Irland, Portugal und Spanien.

Dieser Check umfasst 124 europäische Kreditinstitute, worunter sich 24 deutsche Kreditinstitute befinden. Damit werden 85 % der europaweiten Bankenbilanzsumme in der Untersuchung berücksichtigt.

Das *Comprehensive Assessment* erfolgt in insgesamt drei aufeinander aufbauenden Stufen und ist auf einen Zeitraum von voraussichtlich einem Jahr angelegt. Details hierzu wurden am 23. Oktober 2013 von der EZB veröffentlicht. Bei der Durchführung arbeitet die EZB eng mit den nationalen Aufsichtsbehörden sowie unabhängigen Prüfern und Beratern zusammen. Ziel ist es, dass die EZB die Aufsicht über die Banken im November 2014 frei von Altlasten übernehmen kann. Als Datenbasis dienen die jeweiligen Bankbilanzen zum Stichtag 31. Dezember 2013. Im Fokus der Untersuchung stehen die folgenden, aufeinander aufbauenden Teilbereiche:

1. Risk Assessment
2. Balance Sheet Assessment
3. Zukunftsgerichteter Stresstest

Das *Risk Assessment* beinhaltet einen bankaufsichtlichen Überprüfungsprozess hinsichtlich wesentlicher Risiken der untersuchten Kreditinstitute. In diesem Zusammenhang werden insbesondere die kurzfristige Liquidität, Refinanzierung sowie Verschuldungsgrad mithilfe einer quantitativen und qualitativen Analyse untersucht.

Im Rahmen des *Balance Sheet Assessment* – einer Bilanzprüfung – wird zum einen über einen umfassenden *Asset Quality Review* die Qualität der Aktiva-Positionen und deren Bewertung geprüft. Zum anderen erfolgt eine Beurteilung der Kreditsicherheiten sowie der Angemessenheit der Risikovorsorge. Dabei werden sämtliche Kredit- und Marktexposures auf Basis eines risikobasierten Ansatzes berücksichtigt.

Der *Stresstest* auf Grundlage der Vorgaben der EBA zu verschiedenen Risikoszenarien soll die Widerstandsfähigkeit/Überlebensfähigkeit der Banken in definierten Stresssituationen aufzeigen.

Die Veröffentlichung der Ergebnisse des *Comprehensive Assessment* soll noch vor der Übernahme der Aufsichtsfunktion durch die EZB im November 2014 erfolgen.

Im März 2014 wurde von der EZB ein Handbuch zur Prüfung der Aktiva-Qualität (AQR – Asset Quality Review) veröffentlicht. Es umfasst etwa 300 Seiten und stellt einen Leitfaden für die mit der Bilanzprüfung beauftragten nationalen Behörden und deren externe Sachverständige dar und ist in zehn Arbeitseinheiten gegliedert. Das Handbuch enthält unter anderem Leitlinien zu den folgenden Punkten/Bereichen:

- Datenvalidierung und Prüfung von Modellparametern
- Bewertung bedeutender Forderungen, Sicherheiten und Festlegung erforderlicher Rückstellungen
- Prozesse zur Qualitätssicherung und Fortschrittskontrolle
- Richtgrößen bei der Bewertung von Marktrisiken

Von besonderem Interesse ist die Validität der verwendeten internen Bewertungsmodelle, welche mithilfe einer umfangreichen Stichprobe pro untersuchtem Kreditinstitut auf die Quantifizierung enthaltener Risiken hin überprüft wurde. Ziel dieses Prüfungsprozesses ist es, die Bilanzen der untersuchten Banken transparenter zu machen und das Vertrauen der Anleger wieder herzustellen.

Des Weiteren sollen im Vorfeld der Übernahme der Aufsicht durch die Europäische Zentralbank gegebenenfalls noch bestehende Kapitallücken im Rahmen des Überprüfungsprozesses und den folgenden Stresstests aufgedeckt werden. Den Stresstests werden zwei verschiedene Szenarien mit unterschiedlich hohen Stressniveaus zu Grunde gelegt. Kreditinstitute, bei welchen sich infolge der Untersuchung Kapitallücken zeigen, sind dazu verpflichtet, detaillierte Pläne zur Deckung des Kapitalbedarfs zu mithilfe geeigneter Finanzierungsinstrumente zu erstellen. Die Schließung der Kapitallücken hat dann innerhalb eines Zeitraums von maximal neun Monaten zu erfolgen.

1.2 Auswirkungen auf die Kreditinstitute

## 1.2.6 Resümee

Zusammenfassend sind folgende Aspekte zu den Auswirkungen der neuen Regelungen von Basel III auf Kreditinstitute zu erörtern.

**Potentielle Auswirkungen auf Kreditvergabemöglichkeiten**
Alle Kreditinstitute müssen während der schrittweisen Einführung von Basel III Kapital aufbauen. Dieser zusätzliche Kapitalbedarf und ein verschärftes Risikomanagement bei der Kreditvergabe können dazu führen, dass die Kreditvergabe eher erschwert und/oder eingeschränkt wird. Eine Reduzierung der Kreditausreichung zur Senkung des zusätzlichen Eigenkapitalbedarfs kann nicht ausgeschlossen werden.

Noch ist nicht abschätzbar, wie sich die neuen Regelungen von Basel III genau auf die Kreditvergabe auswirken werden. Um das bislang genutzte Geschäftsmodell bei der Kreditvergabe aufrecht erhalten zu können, müssen sich die Banken gegebenenfalls erst das nötige Eigenkapital beschaffen. Zukünftig wird in jedem Fall auch bei bekannten Unternehmen eine genauere/umfassendere Prüfung vorgenommen werden müssen.

Als mögliche Gründe für eine Einschränkung der Kreditvergabe sollen hier neben Einschränkungen bei den als Eigenkapital anerkannten Positionen die Beschränkungen der Fristentransformation auf Grund der NSFR aufgeführt werden.

Vorhandenes Kapital muss auf Grund der Verschärfung der Kapital- und Liquiditätsanforderungen gezielter eingesetzt werden, was zu einer Reduzierung der Geschäftsaktivitäten oder einem deutlichen Anstieg der Kosten führen kann.

**Notwendigkeit zur Veränderung interner Prozesse**
Schon mit der Umsetzung von Basel II mussten interne Prozesse beispielsweise im Controlling-Bereich angepasst werden. Die Umsetzung der Regelungen von Basel III stellt die Kreditinstitute vor neue administrative Herausforderungen. So werden durch weitergehende Anforderungen an die Risikosteuerung und -bewertung weitere Anpassungen insbesondere im Rahmen des Risikomanagements notwendig. Auch die höhere Bedeutung interner Ratings und die geforderten Stresstests werden Auswirkungen auf die internen Prozesse haben.

Eine Studie von KPMG sieht in verschiedenen Bereichen auf Grund der Veränderungen im Rahmen der Überarbeitung der MaRisk einen Handlungsbedarf ([23], S. 4–5).

Neben der Einführung eines Kapitalplanungsprozesses, soweit dieser insbesondere bei mittleren und kleinen Instituten noch nicht vorhanden ist, müssen Anpassungen der Ablauf- und Aufbauorganisation zur Einrichtung einer erweiterten und aufgewerteten Compliance Funktion erfolgen. Dabei sind die folgenden Aspekte zu berücksichtigen: Abgrenzung und Priorisierung der in den Verantwortungsbereich der Compliance Funktion fallenden Normen, Abstimmung von Risikoidentifikations- und Risikobewertungsverfahren, Definition der Berichtsinhalte, -wege und -frequenzen einschließlich korrespondierender Kontrollen und Sicherstellung der Verfügbarkeit relevanter Informationen. Weitere Veränderungen ergeben sich in den Bereichen des Liquiditätstransferpreissystems zur internen Verrechnung von Liquiditätskosten und -risiken sowie den Risikosteuerungs- und -controllingprozessen. Dazu gehören beispielsweise das Limitsystem, ein Risikotragfähigkeitskonzept und ein Risikofrüherkennungssystem.

Kreditinstitute haben bereits mit Einführung von Basel II erforderliche Schritte durchgeführt. Damit verbunden waren und sind ständige Verbesserungen der internen Prozesse, Schulungen und Weiterbildungsmaßnahmen. Auf dieser Basis lassen sich die zuvor beschriebenen mit Basel III verbundenen Erweiterungen und Änderungen vermitteln und umsetzen. Anpassungsbedarf ist vor allem im Bereich der IT zu sehen. Hier müssen möglicherweise Änderungen an bestehenden Verfahren erfolgen, um beispielsweise Kennzahlen für Risikobewertung und Ratings zu erstellen und zu pflegen. Außerdem sind Erweiterungen im Berichts- und Meldewesen notwendig.

Im jeweiligen Einzelfall muss geprüft werden, ob auf Grund von Basel III in einem Kreditinstitut strategische Änderungen in der Geschäftspolitik notwendig werden, die dann Auswirkungen auf bestehende Strukturen oder die Geschäftsmodelle haben können. Es ist damit zu rechnen, dass hiervon insbesondere der Kreditvergabeprozess betroffen sein wird.

**Auswirkungen der Regelungen auf Stabilität**

Es wird davon ausgegangen, dass die neuen Regelungen vor allem durch die qualitativ und quantitativ höhere Eigenkapitalunterlegung, die aufzubauenden Kapitalpuffer sowie die Liquiditätsvorschriften zu mehr Stabilität des Finanzsektors und damit auch zu mehr Sicherheit führen werden. Dabei ist jedoch zu beachten, dass für die Stabilität neben einer ausreichenden Liquidität auch eine entsprechende Rentabilität notwendig ist.

Für den Finanzsektor wird ein reduziertes Risiko einer systemischen Bankenkrise durch den Abbau wechselseitiger Abhängigkeiten erwartet. Die neuen Mindestanforderungen können sich auf die Ertragskraft der Institute auswirken. Der Umfang der Auswirkung ist abhängig von der bisherigen Kapitalausstattung und dem jeweiligen Geschäftsmodell. Weiter muss mit eingeschränktem Wettbewerb, weniger Fristentransformation sowie weniger Innovationen bei Finanzprodukten und Finanzdienstleistungen gerechnet werden.

## 1.2 Auswirkungen auf die Kreditinstitute

Die vorhandenen Ermessensspielräume, die in verschiedenen Ländern unter Nutzung nationaler Wahlrechte durch die Aufsichtsbehörden unterschiedlich ausgelegt und umgesetzt werden, können zu ungleichen Wettbewerbsbedingungen führen.

Daneben kann auch die Anwendung von verschiedenen – von der jeweiligen nationalen Aufsicht zu genehmigenden – internen Risikomodellen zu teilweise erheblichen Unterschieden bei der Ermittlung des zur Risikounterlegung vorzuhaltenden Kapitals führen. Hierdurch kann es in der Folge zu Wettbewerbsverzerrungen kommen.

In seinem im Juli 2013 veröffentlichten Gutachten ‚Regulatory Consistency Assessment Programme (RCAP) – Analysis of risk-weighted assets for credit risk in the banking book' [16] präsentiert der Baseler Ausschuss für Bankenaufsicht die Ergebnisse einer zuvor durchgeführten Studie zur Konsistenz regulatorischer Anforderungen. Dabei wird deutlich, dass es derzeit durch die Verwendung der internen Modelle im Rahmen des IRB-Ansatzes zu Abweichungen beim Ergebnis der mit Eigenkapital zu unterlegenden RWA von bis zu 2 % gegenüber der Benchmark von 10 % kommt.

Mit dieser Studie sollten die Treiberfaktoren für die materiellen Abweichungen bei der Ermittlung der risikogewichteten Aktiva im Anlagebuch bei Anwendung des IRB-Ansatzes untersucht werden. Aus ihren Ergebnissen wurde deutlich, dass die Risikogewichtung der Kreditrisiken die Hauptursache für die vorhandenen Abweichungen darstellt. Dabei bestehen Unterschiede bei der Einschätzung der verschiedenen im Rahmen des IRB-Ansatzes verwendeten Parameter wie Ausfallwahrscheinlichkeit (PD) und Verlustquote bei Ausfall (LGD), welche im Folgenden noch näher erläutert werden. Des Weiteren werden Möglichkeiten zur Minimierung der auf Grund der verwendeten Modelle entstehenden Abweichungen diskutiert, um eine Stetigkeit und Vergleichbarkeit der Ergebnisse aus den unterschiedlichen Berechnungsmethoden zur Ermittlung des regulatorischen Kapitals bei allen Kreditinstituten zu gewährleisten. Hier seien die folgenden Möglichkeiten genannt:

- Erweiterte Offenlegungspflichten und Meldeanforderungen für Banken zur Erhöhung der Markttransparenz
- Harmonisierung der nationalen Umsetzungsvorschriften
- Einschränkungen der Modellierungsspielräume bei den internen Modellen durch
  - zusätzliche Leitlinien zu verschiedenen Aspekten des Baseler Rahmenwerks und
  - Grenzen bei den Schätzungsparametern des IRB-Ansatzes

Nähere Ausführungen finden sich in dem vom Baseler Ausschuss für Bankenaufsicht veröffentlichten Gutachten [16].

**Auswirkungen der Regelungen auf die Kostenstrukturen**
Auf Grund der verschärften Vorschriften zur Qualität und Quantität des Eigenkapitals kann Basel III zu einem deutlichen Anstieg der Eigenkapital- und Risikounterlegungskosten führen. Wesentliche Kostenbestandteile bei der Kalkulation der Kreditkosten und -konditionen sind:

- Kapitalkosten (Kosten für die Eigenkapitalunterlegung zur Abdeckung von unerwarteten Verlusten)
- Erwartete Verluste (Risikokosten zur Abdeckung möglicher Ausfallrisiken)

Diese sind abhängig vom Rating des Kreditnehmers und steigen mit sich verschlechterndem Rating progressiv an.
Weitere Kostenbestandteile sind:

- Betriebliche Kosten (Kosten für den laufenden Geschäftsbetrieb)
- Finanzierungskosten (Kosten der Bank zur Refinanzierung am Markt)

Diese beiden Kostenbestandteile bilden einen ratingunabhängigen Kostenblock.
Es wird deutlich, dass die Risiken mit einer zunehmenden Bonität des Unternehmens und damit besseren Unternehmensratings abnehmen, was in der Folge zu sinkenden Kosten für die Kreditinstitute führt.
Die Gesamtkosten für ein Kreditinstitut werden – je nach Bonität/Rating der Kreditnehmer – tendenziell steigen. Sie können jedoch auf Grund des bestehenden Wettbewerbs in aller Regel nur teilweise über höhere Kreditkonditionen weitergereicht werden, so dass Margen und damit die Profitabilität des Kreditgeschäfts tendenziell zurückgehen werden. Es wird immer wichtiger, im Rahmen von Cross-Selling-Geschäften weitere Erträge zu erzielen, um den Deckungsbeitrag aus dem Kundengeschäft zu verbessern.
Neben erhöhten Eigenkapitalkosten zur Unterlegung verschiedener Risiken führen auch vorzuhaltende Liquiditätsreserven zu einem zusätzlichen Anstieg der Kosten. Mithin sind Liquiditätsreserven als ein von Rechts wegen vorzuhaltender Kapitalblock gebunden und können nur weniger ertragsbringend angelegt werden, als dies bei vollkommen frei fungiblem Vermögen der Fall ist, was zu Opportunitätskosten führt. Dies wirkt sich zusätzlich auf das Ergebnis und die Innenfinanzierungsmöglichkeiten über eine Gewinnthesaurierung aus. Je nach verfolgter Risikostrategie werden die Auswirkungen durch die variablen Kosten im Rahmen der Risikovorsorge unterschiedlich stark sein.

1.2 Auswirkungen auf die Kreditinstitute

## 1.2.7 Exkurs zu Solvency II

Im Zusammenhang mit den Finanzierungskosten sei an dieser Stelle auf die zusätzlichen Auswirkungen sowie Wechselwirkungen über die neuen Regelungen für Versicherungen (Solvency II) hingewiesen, welche voraussichtlich zum 1. Januar 2017 in Kraft treten sollen.

Zur Vorbereitung auf das neue Regelwerk hat die Europäische Aufsichtsbehörde für das Versicherungswesen und die betriebliche Altersvorsorge (EIOPA) Anfang Oktober 2013 Leitlinien [29] veröffentlicht, welche bereits ab dem 1. Januar 2014 anzuwenden sind. Diese beinhalten Regelungen zur Geschäftsorganisation, Risikomanagement sowie der Prüfung unternehmenseigener Risiken und wirken damit auch auf das Berichtswesen und die internen Modelle.

Mit Solvency II wird auch von Versicherungen eine risikobasierte Eigenkapitalunterlegung gefordert. Die Ermittlung der Solvenzkapitalanforderung kann über ein Standardmodell oder ein internes Modell erfolgen. Durch die geforderte Eigenmittelunterlegung für Zinsänderungsrisiken gewinnt die Umschichtung der Kapitalanlagen in langfristige Anleihen an Attraktivität. Dabei muss zusätzlich das Kreditrisiko mit berücksichtigt werden.

Versicherungen sind bislang die wichtigsten Kapitalsammelstellen und Refinanzierungsquellen für den Bankensektor und haben vor allem Bedeutung bei der Beschaffung von Hybridkapital wie Nachrangdarlehen, Genussrechten und stillen Beteiligungen. Sie haben dadurch eine wichtige Finanzierungsfunktion direkt für Kreditinstitute und indirekt für Unternehmen. Auf Grund der neuen Regelungen zur Fristentransformation und Liquiditätshaltung für Versicherungen unter Solvency II ziehen sich Versicherungen tendenziell als Investoren zurück – gleichzeitig entsteht unter Basel III für Banken ein erhöhter Refinanzierungsbedarf. Hieraus lassen sich bereits die ersten Wechselwirkungen zwischen Basel III und Solvency II erkennen.

Über den sogenannten „Mean-Reversion-Prozess" wirkt sich Solvency II auch auf die Kreditmargen aus, was in dem Gutachten wie folgt beschrieben wird: „Eine Erhöhung des Eigenkapitals [führt] zu einer Umverteilung von Risiken zu Gunsten der Versicherten, was zur Folge hat, dass bei Lebensversicherungen auf risikoadjustierter Basis die Eigenkapitalkosten mit steigendem Eigenkapital zunehmen" ([6], S. 13). Auf diese Weise impliziert er einen Anreiz, eine höhere Eigenkapitalunterlegung durch eine Reduktion der Risiken in den Kapitalanlagen zu vermeiden.

Künftig wird eine Eigenmittelunterlegung gefordert, die auf Risiken beruht, die sich in der Bilanz des Versicherers nur teilweise wiederfinden. Als Basis werden die tatsächlichen Risiken und nicht mehr rein bilanziell gemessene Risiken verwendet. Hierdurch könnte die Eigenmittelunterlegung gegebenenfalls auch systematisch zu hoch sein. Bisher erfolgte ein Ausgleich von Ergebnisschwankungen über die Bewertungsreserven. Die neuen Regelungen wirken sich vor allem dann aus, wenn bisher nach HGB und nicht schon nach IFRS bilanziert wurde. Zudem ist die Optimierung von internen Modellen zur Abbildung langfristiger Kapitalmarktrisiken sehr aufwendig und damit kostenintensiv, was zu einem Wettbewerbsnachteil vor allem für kleinere Versicherungen führt.

Ein weiteres Zusammenspiel von Basel III und Solvency II besteht hinsichtlich der Kapitalkosten, da Versicherungen zumindest im Fremd- und Hybridkapitalbereich in der Vergangenheit wichtige Kapitalgeber der Banken waren. Dies verdeutlicht auch folgendes Zitat: „Ein durch Basel III erhöhtes Angebot an hybriden Finanzinstrumenten trifft auf eine durch Solvency II möglicherweise reduzierte Nachfrage" ([6], S. 44).

Marktwerteffekte durch Solvency II entstehen insbesondere auf Grund der zu erwartenden sinkenden Zahlungsüberschüsse bei einem zunehmenden bewertungsrelevanten Marktrisiko. Dies führt zu steigenden Kapitalkosten aus Sicht der Eigentümer in Form direkter Regulierungskosten, die nicht weitergegeben werden können, sowie Kosten für die höhere Eigenkapitalunterlegung. Sie entstehen zusätzlich zu den Markwerteffekten aus Basel III, Zinsstruktureffekten und Kreditrisikoeffekten.

Entgegen der Annahme, dass der Versicherungssektor infolge des noch nicht rechtsverbindlichen Regelungswerkes Solvency II eine Verlagerung seines Tätigkeitsbereiches in das Bankgeschäft anstrebt, ist dies aus Sicht der BaFin hingegen [noch] nicht erkennbar. Theoretisch betrachtet wäre dieser Schritt allerdings folgerichtig, denn Versicherungsunternehmen sind insbesondere auf Grund der kontinuierlichen Auszahlungen, resultierend aus der gesetzlich vorgeschriebenen Mindestverzinsung eingesammelter Kundengelder sowie aus Garantieleistungsversprechen bestehender Policen, gezwungen, die dafür notwendigen Renditen durch andere Geschäftsfelder zu generieren. Insofern hätten die Versicherungsunternehmen gegenüber Kreditinstituten einen entscheidenden Vorteil, indem für sie [noch] keine vergleichbaren Regulierungen analog zu Basel III gelten. Deshalb ist unter Berücksichtigung der erzielbaren Margen die Finanzierung von Infrastrukturprojekten sowie von Immobilien ein interessantes potentielles Geschäftsmodell. Ein Grund für eine bisher nicht in erwähnenswertem Umfang zu verzeichnende Verschiebung der Geschäftsfelder könnte darin zu sehen sein, dass das Prestigeprojekt des Allianzkonzerns, die Allianz Bank als Vereinigungslösung von Versicherungs- und Bankprodukten aus einer Hand, per Ende Juni 2013 den Geschäftsbetrieb wegen signifikanter Planverfehlungen einstellte. Davon waren schätzungsweise 385.000 Kunden betroffen.

# Was Sie in diesem Essential mitnehmen können

- Verschafft ein solides Verständnis für die wesentlichen Inhalte und Anforderungen der Kapital- und Liquiditätsvorschriften von Basel III und deren schrittweise Einführung bis 2019.
- Zeigt die direkten Auswirkungen der Regelungen von Basel III auf die Kreditinstitute und die Ergebnisse der in diesem Zusammenhang durchgeführten Auswirkungsstudien.
- Demonstriert die durch Basel III an die Kreditinstitute gestellten Anforderungen und den dadurch entstehenden Handlungsbedarf auf Seiten der Kreditinstitute.

Abschließend möchten die Autoren noch darauf hinweisen, dass es sich bei dem in diesem Essential dargestellten Thema Basel III um ein aktuelles Thema handelt und gegebenenfalls Veränderungen auf Grund neuer/weiterer Entwicklungen zusätzlich zu berücksichtigen sind.

# Weiterführende Literatur – Verzeichnis der sonstigen Internetquellen

**Bank für Internationalen Zahlungsausgleich (www.bis.org)**

**Offizielle Dokumente zu Basel III**

- Auswirkungsstudie: Results of the comprehensive quantitative impact study: http://www.bis.org/publ/bcbs186.pdf.
- Basel III – Rahmenbestimmungen zur Liquidität – Fragen und Antworten: http://www.bis.org/publ/bcbs199_de.pdf.
- Basel III – Definition des Eigenkapitals-Fragen und Antworten: http://www.bis.org/publ/bcbs204_de.pdf.
- Bericht über die Fortschritte bei der Umsetzung von Basel III: http://www.bis.org/publ/bcbs215_de.pdf.
- Verfahren zur Bewertung der Übereinstimmung der Aufsichtsregelungen mit Basel III: http://www.bis.org/publ/bcbs216_de.pdf.
- Results of the Basel III monitoring exercise as of 30 June 2011, April 2012: http://www.bis.org/publ/bcbs217.pdf.
- Results of the Basel III monitoring exercise as of 30 June 2012, März 2013: http://www.bis.org/publ/bcbs243.pdf.
- Report to G20 Finance Ministers and Central Bank Governors on monitoring implementation of Basel III regulatory reform, April 2013: http://www.bis.org/publ/bcbs249.pdf.
- Diskussionspapier: Regulatorische Rahmenregelungen: Abstimmung von Risikosensitivität, Einfachheit und Vergleichbarkeit – Zur Stellungnahme bis 11. Oktober 2013 herausgegeben im Juli 2013: http://www.bis.org/publ/bcbs258_de.pdf.

- Bericht über die Fortschritte bei der Umsetzung der Basler Rahmenregelungen, Oktober 2013: http://www.bis.org/publ/bcbs263_de.pdf.
- Verfahren zur Bewertung der Übereinstimmung der Aufsichtsregelungen mit Basel III, Oktober 2013: http://www.bis.org/publ/bcbs264_de.pdf.
- Capital requirements for banks' equity investments in funds, Dezember 2013: http://www.bis.org/publ/bcbs266.pdf.
- Regulatory Consistency Assessment Programme (RCAP) – Second report on risk-weighted assets for market risk in the trading book, Dezember 2013: http://www.bis.org/publ/bcbs267.pdf.
- Consultative Document: Basel III: The Net Stable Funding Ratio, Januar 2014: http://www.bis.org/publ/bcbs271.pdf.
- Liquidity coverage ratio disclosure standards, Januar 2014: http://www.bis.org/publ/bcbs272.pdf.
- Guidance for Supervisors on Market Based Indicators of Liquidity, Januar 2014: http://www.bis.org/publ/bcbs273.pdf.
- Übersichtstabelle: Die Reformen des Baseler Ausschusses für Bankenaufsicht – Basel III: http://www.bis.org/bcbs/basel3/b3summarytable_de.pdf.
- Pressemitteilung: Baseler Ausschuss gibt abschließende Bestimmungen der Reformen zur Anhebung der Eigenkapitalqualität heraus: http://www.bis.org/press/p110113_de.pdf.
- Pressemitteilung: Bericht des Basler Ausschusses über die Einheitlichkeit der Berechnung der risikogewichteten Aktiva im Anlagebuch: http://www.bis.org/press/p130705_de.pdf.
- Pressemitteilung: Basler Ausschuss veröffentlicht Änderungen der Höchstverschuldungsquote von Basel III: http://www.bis.org/press/p140112a_de.htm.

## Bankenverband

- Bankenverband begrüßt Vorschläge der EU-Kommission zur Regulierung von Schattenbanken: http://bankenverband.de/presse/presse-infos/bankenverband-begruesst-vorschlaege-der-eu-kommission-zur-regulierung-von-schattenbanken.
- Bankenverband fordert Änderung der US-Pläne zur Regulierung von Auslandsbanken: http://bankenverband.de/presse/presse-infos/bankenverband-fordert-aenderung-der-us-plaene-zur-regulierung-von-auslandsbanken.
- Bankenverband: Presse-Information: Basel III: Politik muss Wahlrecht bei Großkreditverordnung nutzen: http://bankenverband.de/presse/presse-infos/basel-iii-politik-muss-wahlrecht-bei-grosskreditverordnung-nutzen.
- Bankenverband: Presse-Information: Basel III-Umsetzung in den USA: http://bankenverband.de/presse/presse-infos/basel-iii-umsetzung-in-den-usa.

## Bundesanstalt für Finanzdienstleistungsaufsicht (www.bafin.de)

- Basel III/CRD IV: http://www.bafin.de/DE/Internationales/Regelungsvorhaben/Basel_CRD/basel_crd_artikel.html.
- Comprehensive Assessment: http://www.bafin.de/DE/Internationales/SSM/ComprehensiveAssessment/comprehensive_assessment_artikel.html.
- Einheitlicher Aufsichtsmechanismus: EZB startet umfassende Prüfung von 124 Bankengruppen aus der Eurozone: http://www.bafin.de/SharedDocs/Veroeffentlichungen/DE/Pressemitteilung/2013/pm_131023_ssm.html.
- Einheitlicher Bankenaufsichtsmechanismus (SSM): http://www.bafin.de/DE/Internationales/SSM/ssm_artikel.html.
- BaFin Journal März 2013: http://www.bafin.de/SharedDocs/Downloads/DE/BaFinJournal/2013/bj_1303.pdf?__blob=publicationFile&v=2.
- BaFin Journal Mai 2013: http://www.bafin.de/SharedDocs/Downloads/DE/BaFinJournal/2013/bj_1305.pdf?__blob=publicationFile&v=2.
- BaFin Journal Juni 2013: http://www.bafin.de/SharedDocs/Downloads/DE/BaFinJournal/2013/bj_1306.pdf;jsessionid=E09A94F47F73C4DC623B7B44E5531CD8.1_cid363?__blob=publicationFile&v=5.
- BaFin Journal Juli 2013: http://www.bafin.de/SharedDocs/Downloads/DE/BaFinJournal/2013/bj_1307.pdf;jsessionid=E09A94F47F73C4DC623B7B44E5531CD8.1_cid363?__blob=publicationFile&v=5.
- BaFin Journal August 2013: http://www.bafin.de/SharedDocs/Downloads/DE/BaFinJournal/2013/bj_1308.pdf;jsessionid=96311BDAADEB8AD3FC3C6E2239D04338.1_cid298?__blob=publicationFile&v=5.
- BaFin Journal September 2013: http://www.bafin.de/SharedDocs/Downloads/DE/BaFinJournal/2013/bj_1309.pdf?__blob=publicationFile&v=6.
- BaFin Journal Oktober 2013: http://www.bafin.de/SharedDocs/Downloads/DE/BaFinJournal/2013/bj_1310.pdf?__blob=publicationFile&v=4.
- BaFin Journal November 2013: http://www.bafin.de/SharedDocs/Downloads/DE/BaFinJournal/2013/bj_1311.pdf?__blob=publicationFile&v=6.

## Bundesministerium *der Finanzen*

- Basel III – Strengere Kapitalvorschriften für Banken, September 2010: http://www.bundesfinanzministerium.de/Content/DE/Standardartikel/Service/Einfach_erklaert/2010-09-20-basel-III-strengere-kapitalvorschriften-fuer-banken.html.

- Einfach erklärt – Was ist Basel III?, November 2010: http://www.bundesfinanzministerium.de/Content/DE/Standardartikel/Service/Einfach_erklaert/2010-11-04-einfach-erklaert-basel-III-flash-infografik.html.
- Vermittlungsausschuss stimmt CRD IV-Umsetzungsgesetz zu: http://www.bundesfinanzministerium.de/Content/DE/Pressemitteilungen/Finanzpolitik/2013/06/2013-06-26-PM50.html.

## Bundesverband *mittelständische Wirtschaft*

- Auswirkungsstudie Basel III. Die Folgen für den deutschen Mittelstand, August 2011: http://www.bvmw.de/fileadmin/download/Bund/basel_III_studie.pdf.

## Bundesverband *öffentlicher Banken Deutschland*

- Deutsche Kreditwirtschaft begrüßt Verschiebung des EBA-Stresstests: „Qualität vor Schnelligkeit": http://www.voeb.de/de/pressezentrum/pressemitteilungen/presse-mitteilung_2013_029.html.
- Umsetzung von Basel III in der EU (CRD IV): http://www.voeb.de/de/themen/bankenaufsicht/eu_umsetzung_basel3_neu/.
- VÖB aktuell vom Juni 2013, S. 1–5: http://www.voeb.de/download/newsletter_aktuell_02-13.pdf.

## *Deloitte*

- Basel III – Modifizierte Kapitalanforderungen im Spiegel der Finanzmarktkrise (White Paper Nr. 39): http://www.deloitte.com/view/de_DE/de/branchen/financial_services/6690a38037928210VgnVCM200000bb42f00aRCRD.htm.
- Brzenk,T./Cluse,M./Houben,A.: Die neuen Baseler Liquiditätsanforderungen: http://www.deloitte.com/assets/Dcom-Germany/Local%20Assets/Documents/15_ERS/2010/de_con_frs_WP37_Baseler_Liquiditaetsanforderungen_100302_final.pdf.
- Cluse, M./Leonhardt, A./Neubauer, P.: LCR 2013 – Die Überarbeitung der Baseler Liquiditätsanforderungen (White Paper Nr. 57), Januar 2013: http://www.deloitte.com/assets/Dcom-Germany/Local%20Assets/Documents/09_Finanzdienstleister/2013/FSI_FRS_White_Paper_57_LCR_2013.pdf.

Weiterführende Literatur – Verzeichnis der sonstigen Internetquellen    41

- Cluse, M./Dengl, G./Nechajus, M.: RCAP – Konsistenz regulatorischer Anforderungen (White Paper Nr. 60), August 2013: http://www.deloitte.com/view/ de_DE/de/branchen/financial_services/financial_services_themen/9fc167141d 270410VgnVCM2000003356f70aRCRD.htm.
- Die neuen Baseler Liquiditätsanforderungen (White Paper Nr. 37): http:// www.deloitte.com/assets/Dcom-Germany/Local%20Assets/Documents/15_ ERS/2010/de_con_frs_WP37_Baseler_Liquiditaetsanforderungen_100302_ final.pdf.
- Von der Baseler Eigenkapitalvereinbarung zu Basel III: http://www.deloitte. com/view/de_CH/ch/industries/financial_services/3f15caa0846233 10VgnVC M1000001a56f00aRCRD.htm.

## *Deutsche* Bundesbank (www.bundesbank.de)

- Ergebnisse des Basel III – Monitoring für deutsche Institute, Stichtag 31. Dezember 2012: http://www.bundesbank.de/Redaktion/DE/Downloads/ Kerngeschaeftsfelder/Bankenaufsicht/Basel/2012_12_basel3_monitoring_ deutsche_institute.pdf?__blob=publicationFile.

## *Europäische Zentralbank* (www.ecb.europa.eu)

- Pressemitteilung: EZB beginnt vor Übernahme der Aufsichtsfunktion mit umfassender Bewertung: http://www.ecb.europa.eu/press/pr/date/2013/html/ pr131023.de.html.
- Pressemitteilung: EZB gewährt Banken sechs bis neun Monate für Deckung von Kapitallücken nach umfassender Bewertung: https://www.ecb.europa.eu/ press/pr/date/2014/html/pr140429_1.de.html.
- Pressemitteilung: EZB veröffentlicht Handbuch zur Prüfung der Aktiva-Qualität (AQR): https://www.ecb.europa.eu/press/pr/date/2014/html/pr140311. de.html
- Mitteilung: Umfassende Bewertung, 23.10.2013: http://www.ecb.europa.eu/ pub/pdf/other/notecomprehensiveassessment201310de.pdf.
- Strengthening the resilience of the banking sector: the Basel proposal for an international framework for liquidity risk, Oktober 2010: http://www.ecb. europa.eu/paym/groups/pdf/mmcg/basel_liquidity_framework.pdf.

## FAZ Online

- Basel III: Amerika beschließt striktere Bankenregeln: http://www.faz.net/aktuell/wirtschaft/wirtschaftspolitik/basel-iii-amerika-beschliesst-strikterebankenregeln-12268817.html.

## Focus Online

- Bankenverband kritisiert Basel-III-Pläne der USA: http://www.focus.de/finanzen/news/wirtschaftsticker/unternehmen-bankenverband-kritisiert-basel-iii-plaene-der-usa_aid_1033516.html.
- EU warnt USA vor strengeren Regeln für Auslandsbanken: http://www.focus.de/finanzen/news/wirtschaftsticker/ft-eu-warnt-usa-vor-strengeren-regeln-fuer-auslandsbanken_aid_968495.html.
- Kapitalregeln für Großbanken USA wollen Basel III doch umsetzen – und verschärfen: http://www.focus.de/finanzen/banken/kapitalregeln-fuer-grossbanken-usa-wollen-basel-iii-doch-umsetzen-und-verschaerfen_aid_1039005.html.
- RATING – S&P hält Leverage Ratio nur für Ergänzung: http://www.focus.de/finanzen/news/wirtschaftsticker/rating-sundp-haelt-leverage-ratio-nur-fuer-ergaenzung_aid_1109763.html.
- US-Notenbank bekennt sich mit Ausnahmen zu Basel III: http://www.focus.de/finanzen/news/wirtschaftsticker/unternehmen-us-notenbank-bekennt-sich-mit-ausnahmen-zu-basel-iii_aid_1032560.html.

## Handelsblatt online

- Fed beschließt schärfere Bankenregulierung: http://www.handelsblatt.com/unternehmen/banken/basel-iii-fed-beschliesst-schaerfere-bankenregulierung/6726092.html.
- Fed kämpft gegen Bankenlobby: http://www.handelsblatt.com/unternehmen/banken/basel-iii-fed-kaempft-gegen-bankenlobby/6736192.html.
- Kleinbanken in den USA geben auf: http://www.handelsblatt.com/unternehmen/banken/too-small-to-live-kleinbanken-in-den-usa-geben-auf/6773582.html.
- Vor Stresstest 2014– Straffer Zeitplan für Vorbereitungen auf Bankenunion: http://www.handelsblatt.com/unternehmen/banken/vor-stresstest-2014-straffer-zeitplan-fuer-vorbereitungen-auf-bankenunion/8583934.html.

## KPMG – Publikation

- Basel III – Handlungsdruck baut sich auf: Implikationen für Finanzinstitute, Januar 2011: http://www.kpmg.com/DE/de/Documents/Basel-3-FRM-2011-KPMG.pdf.
- Neue nationale Verordnungen im Kontext des CRD IV/CRR Legislativpakets, November 2012: http://www.kpmg.de/docs/crd-iv-20121211.pdf.

## PWC

- Europäische Umsetzung von Basel III: http://www.pwc.de/de/pressemitteilungen/2011/europaeische-umsetzung-von-basel-iii-wettbewerbsgleichheit-auf-kosten-nationaler-besonderheiten.jhtml.
- Update zu den Meldeanforderungen für die Leverage Ratio veröffentlicht – Draft IST, Februar 2013: http://blogs.pwc.de/regulatory/crd-iv/update-zu-den-meldeanforderungen-fuer-die-leverage-ratio-veroeffentlicht-draft-its/674/.

## Risikomanagement *und Finanzmarktregulierung im Focus*

- Geers, Daniel: Bundesbank: Basel III muss auf allen wesentlichen Finanzmärkten angewendet werden in Risikomanagement und Finanzmarktregulierung im Medienfokus: http://www.rmrg.de/?p=2988.
- Regelwerk Basel III droht zu zerfleddern: http://www.rmrg.de/?p=3000.
- Bundesverband deutscher Banken nimmt Leverage Ratio unter Beschuss: http://www.rmrg.de/?p=3615.
- Weg für Basel III in Deutschland frei: http://www.rmrg.de/?p=3632.
- Baseler Ausschuss will Eigenkapitalregeln justieren: http://www.rmrg.de/?p=3725.
- Kernkapitalquote und Leverage Ratio als Kennziffern für Investoren: http://www.rmrg.de/?p=3808.
- Scharfe Regulierung beeinflusst Geschäftsmodelle der Banken: http://www.rmrg.de/?p=3852.
- Regulierer bedrohen Geschäftsmodell der Volks- und Raiffeisenbanken: http://www.rmrg.de/?p=3895.
- CRD IV: Gefährdete Innenfinanzierung bei Banken?: http://www.rmrg.de/?p=3898.

## RiskNet

- Keine Aufsichtsarbitrage durch Stillstand bei Solvency II: http://www.risknet. de/risknews/keine-aufsichtsarbitrage-durch-stillstand-bei-solvency-ii/c943c46 b174dd62a529ba0c4e1449c09/.

## Spiegel *online*

- Basel III: US-Regulierer beschließen härtere Regeln für Banken: http://www.spiegel.de/wirtschaft/soziales/basel-iii-us-regulierer-beschliessen-haertere-regeln-fuer-banken-a-910308.html.

## Süddeutsche *online*

- Banken – Bundesbank: Kernkapital gestärkt: Deutsche Banken bestehen Härtetest: http://www.sueddeutsche.de/news/wirtschaft/banken-kernkapital-gestaerkt-deutsche-banken-bestehen-haertetest-1495199

## Welt *online*

- Basel-Gruppe schlägt Publizitätsregeln für Liquiditätsquote vor: http://www.welt.de/newsticker/bloomberg/article118203277/Basel-Gruppe-schlaegt-Publizitaetsregeln-fuer-Liquidaetsquote-vor.html.
- Basler Leverage Ratio soll außerbilanzielle Risiken abdecken: http://www.welt.de/newsticker/bloomberg/article120514403/Basler-Leverage-Ratio-soll-ausserbilanzielle-Risiken-abdecken.html.
- Die nächste Krise wird wahrscheinlicher: http://www.welt.de/wirtschaft/article117321329/Die-naechste-Krise-wird-wahrscheinlicher.html.
- Deutsche Banken bestehen Härtetest: http://www.welt.de/newsticker/dpa_nt/infoline_nt/wirtschaft_nt/article120368757/Deutsche-Banken-bestehen-Haertetest.html.
- Fed erlaubt kleinen US-Banken Basel-III-Aufschub beim Stresstest: http://www.welt.de/newsticker/bloomberg/article120393475/Fed-erlaubt-kleinen-US-Banken-Basel-III-Aufschub-beim-Stresstest.html.
- USA drängen für acht größte Banken auf höhere Puffer als Basel: http://m.welt.de/article.do?id=newsticker%252Fbloomberg%252Farticle117674440%252FUSA-draengen-fuer-acht-groesste-Banken-auf-hoehere-Puffer-als-Basel.

## Sonstige

- Gruber, Walter: SolvV/CRD IV/Basel III – Grundlagen der aufsichtlichen Kapitalanforderungen an Kreditinstitute mit Schwerpunkt auf den aktuellen Entwicklungen. 1 PLUS i GmbH. Seminarunterlage 17./18. April 2012.
- Heuter, Henning/Wohlert, Dirk: Aufsichtliche Beurteilung bankinterner Risikotragfähigkeitskonzepte. 1 PLUS i GmbH, Dezember 2011: http://www.1plusi. de/dokumente/1_plus_i_fachbeitrag_RTF.pdf.
- Börsen Zeitung: Bankenaufseher entwirren die Leverage Ratio- Baseler Ausschuss vereinheitlicht Berechnung der Verschuldungsquote: https://www. boersen-zeitung.de/index.php?li=1&artid=2013120001.
- Die Bank: Bankmanagement – Aktuelle Herausforderungen für die Geschäftsmodelle: http://www.die-bank.de/index.php?id=107&tx_ttnews%5Btt_news% 5D=18313&cHash=5909b639f3fb773a0807c527346690e9.
- Die Bank: Comprehensive Assessment – EZB beaufsichtigt künftig 124 Banken: http://www.die-bank.de/index.php?id=107&tx_ttnews%5Btt_news%5D= 18363&cHash=e011265457abd3f3d0ecc5fd8e3fa374.
- DIW Wochenbericht Nr. 51-52/2008, Berlin 2008: http://www.diw.de/ documents/publikationen/73/diw_01.c.92719.de/08-51-1.pdf.
- Finance Magazin: Banken sollen Risiken nicht mehr herunter rechnen können – Basel III-Kapitalquoten: Baseler Ausschuss fordert mehr Einheitlichkeit: http:// www.finance-magazin.de/maerkte-wirtschaft/banken/basel-iii-kapitalquoten-baseler-ausschuss-fordert-mehr-einheitlichkeit/.
- Finanzen.net: ROUNDUP: Banken machen Fortschritte bei Kapitalquoten – Basel III: http://www.finanzen.net/nachricht/aktien/ROUNDUP-Banken-machen-Fortschritte-bei-Kapitalquoten-Basel-III-2676956.
- Manager Magazin: 128 Banken müssen zum Bilanz-Check der EZB: http:// www.manager-magazin.de/unternehmen/banken/128-banken-muessen-zum-bilanz-check-der-ezb-a-929533.html.
- Manager Magazin: EZB knöpft sich deutsche Staatsbank vor: http://www. manager-magazin.de/unternehmen/banken/a-929433.html.
- n-tv online: Praxistest für Leverage Ratio: Höchstverschuldungsquote soll überprüft werden: http://www.n-tv.de/ticker/Hoechstverschuldungsquote-soll-ueberprueft-werden-article10888186.html.
- Reuters: Bankenaufseher legen Höchstverschuldungsquote streng aus: http:// de.reuters.com/article/companiesNews/idDEBEE95P04920130626.
- Reuters: US-Notenbank überholt Europäer bei Banken-Regulierung: http:// de.reuters.com/article/economicsNews/idDEBEE99N05620131024.

- Risiko Manager: Basel III: Kontinentalstreit um Leverage Ratio: http://www.risiko-manager.com/index.php?id=80&tx_ttnews[tt_news]=19707&tx_ttnews[backPid]=25&cHash=96140f50653f548e2cb755b2e8661a43.
- Wirtschaftsnachrichten: Kapitalreserven als Brandmauer gegen die Bankenpleite: http://www.wirtschaftsnachrichten.org/component/content/article/4307-sondermeldung.html.

# Quellenverzeichnis

## Verzeichnis der zitierten Literatur (Bücher und Aufsätze)

1. Breidenbach, Stefanie: Basel III und das Risikomanagement der Banken. Maßnahmen zur Stabilisierung des Bankensektors in Europa, Diplomica Verlag, Hamburg 2011.
2. Frenkel, Michael/Rudolf, Markus: Die Auswirkungen der Einführung einer Leverage Ratio als zusätzliche aufsichtsrechtliche Beschränkung der Geschäftstätigkeiten von Banken, März 2010: http://www.bankenverband.de/downloads/032010/studie-leverage-ratio-1.
3. Funk, Wilfried/Rossmanith, Jonas: Rechnungslegung und Controlling im Spannungsfeld der Globalisierung – Einflussgrößen und Wirkungsbereiche in: Wilfried Funk/Jonas Rossmanith (Hrsg.): Internationale Rechnungslegung und Internationales Controlling. Herausforderungen – Handlungsfelder – Erfolgspotenziale, Gabler Verlag, 2. Auflage, Wiesbaden 2011, S. 3-104.
4. Hofmann, Gerhard: Basel III und MaRisk. Regulatorische Vorgaben, bankinterne Verfahren, Risikomanagement, Frankfurt School Verlag, 1. Auflage, Frankfurt am Main 2011.
5. Müller, Stefan: Finanzierung mittelständischer Unternehmen nach Basel III, Verlag Vahlen, 2. Auflage, München 2011.
6. Kaserer, Christoph: Solvency II und Basel III – Die Reform der europäischen Versicherungs- und Bankenregulierung und deren Auswirkungen auf die Unternehmensfinanzierung, Gutachten im Auftrag der Finanzplatz München Initiative, Juni 2011: http://www.fpmi.de/tl_files/fpmi/downloads/de/Gutachten_im_Auftrag_der_fpmi.pdf.
7. Schierenbeck, Henner: Ertragsorientiertes Bankmanagement. Risiko-Controlling und integrierte Rendite-/Risikosteuerung, Gabler Verlag, 9. Auflage, Wiesbaden 2008.

© Springer Fachmedien Wiesbaden 2015
B. Zirkler et al., *Basel III in der Unternehmenspraxis*, essentials,
DOI 10.1007/978-3-658-07705-1

## Verzeichnis der zitierten Internetquellen

### Offizielle Dokumente zu Basel 2.5

8. Enhancements to the Basel II framework: http://www.bis.org/publ/bcbs157.pdf.
9. Revisions to the Basel II market risk framework: http://www.bis.org/publ/bcbs158.pdf.
10. Guidelines for computing capital for incremental risk in the trading book: http://www.bis.org/publ/bcbs159.pdf.
11. Basel III – Internationale Rahmenvereinbarung über Messung, Standards, und Überwachung in Bezug auf das Liquiditätsrisiko: http://www.bis.org/publ/bcbs188_de.pdf.
12. Basel III – Ein globaler Regulierungsrahmen für widerstandsfähigere Banken und Bankensysteme: http://www.bis.org/publ/bcbs189_de.pdf.
13. Global systemrelevante Banken: Bewertungsmethodik und Anforderungen an die zusätzliche Verlustabsorptionsfähigkeit: http://www.bis.org/publ/bcbs207_de.pdf.
14. Basel III: The Liquidity Coverage Ratio and liquidity risk monitoring tools, Januar 2013: http://www.bis.org/publ/bcbs238.pdf.
15. Revised Basel III leverage ratio framework and disclosure requirements – consultative document, Juni 2013: http://www.bis.org/publ/bcbs251.pdf.
16. Regulatory Consistency Assessment Programme (RCAP) Analysis of risk-weighted assets for credit risk in the banking book, Juli 2013: http://www.bis.org/publ/bcbs256.pdf.
17. Basel III – Monitoring Report, März 2014: http://www.bis.org/publ/bcbs278.pdf.
18. Basel III – Monitoring Report, September 2013: http://www.bis.org/publ/bcbs262.pdf.
19. Basel III leverage ratio framework and disclosure requirements, Januar 2014: http://www.bis.org/publ/bcbs270.pdf.
20. Basel III – ein Meilenstein im Bankenaufsichtsrecht: http://www.bundesfinanzministerium.de/Content/DE/Monatsberichte/2013/10/Inhalte/Kapitel-3-Analysen/3-1-meilenstein-im-bankenaufsichtsrecht.html?view=renderPrint.
21. Basel III – Leitfaden zu den neuen Eigenkapital und Liquiditätsregeln für Banken: http://www.bundesbank.de/Redaktion/DE/Downloads/Veroeffentlichungen/Buch_Broschuere_Flyer/bankenaufsicht_basel3_leitfaden.pdf?__blob=publicationFile.
22. Deutsche Bundesbank Monatsbericht Juni 2013, 65. Jahrgang, Nr. 6, S. 57–73: Die Umsetzung von Basel III in europäisches und nationales Recht: http://www.bundesbank.de/Redaktion/DE/Downloads/Veroeffentlichungen/Monatsberichtsaufsaetze/2013/2013_06_umsetzung_basel_3.pdf?__blob=publicationFile.
23. Überarbeitung der MaRisk – erweiterte Organisationspflichten für Banken, Mai 2012: http://www.kpmg.com/DE/de/Documents/MaRisk-Novellierung-4-2012-KPMG.pdf.
24. Die Deutsche Kreditwirtschaft: Comments On the Consultation Document "Revised Basel III leverage ratio framework and disclosure requirements" Published by the Basel Committee for Banking Supervision, 11017 Berlin, September 2013: http://www.die-deutsche-kreditwirtschaft.de/uploads/media/BCBS_CP_251_Leverage_Ratio_Comments_German_Banking_Industry_Committee_20130920.pdf.
25. Handelsblatt: Leverage Ratio – Kapitalregel kommt nicht auf die harte Tour: http://www.handelsblatt.com/unternehmen/banken/leverage-ratio-kapitalregel-kommt-nicht-auf-die-harte-tour/9322186.html.

## Verzeichnis der Gesetze, Verordnungen und Rechnungslegungsnormen

26. Europaparlament zur *CRD IV:* Richtlinie 2013/36/EU des Europäischen Parlaments und des Rates vom 26. Juni 2013 über den Zugang zur Tätigkeit von Kreditinstituten und die Beaufsichtigung von Kreditinstituten und Wertpapierfirmen, zur Änderung der Richtlinie 2002/87/EG und zur Aufhebung der Richtlinien 2006/48/EG und 2006/49/EG: http://www.europarl.europa.eu/sides/getDoc.do?type=ADDON&reference=P7-TA-2013-*0114&format=PDF&language=DE&secondRef=PROV-COR-01-DE.*
27. Europaparlament zur CRR: http://www.europarl.europa.eu/sides/getDoc.do?type=ADDON&reference=P7-TA-2013-0115&format=PDF&language=EN&secondRef=PROV-COR-01-DE.
28. Verordnung zum *SSM*: VERORDNUNG (EU) Nr. 1024/2013 DES RATES vom 15. Oktober 2013 zur Übertragung besonderer Aufgaben im Zusammenhang mit der Aufsicht über Kreditinstitute auf die Europäische Zentralbank: http://eur-lex.europa.eu/LexUriServ/LexUriServ.do?uri=OJ:L:2013:287:0063:0089:DE:PDF.
29. Bafin: Vorbereitung auf Solvency II: **EIOPA**-Leitlinien und Erläuterungen http://www.bafin.de/SharedDocs/Veroeffentlichungen/DE/Meldung/2013/meldung_131106_eiopa_solvency_ii_leitlinien.html.